经典古诗文129篇

趣读古诗文 ②

歪歪兔童书馆 编绘

我告别的是白帝城，不是穿着白衣的皇帝。

海豚出版社
DOLPHIN BOOKS
中国国际传播集团

目录

五

- 所见　　清·袁枚　　　　　　　　　　　　5
- 山行　　唐·杜牧　　　　　　　　　　　　8
- 赠刘景文　　宋·苏轼　　　　　　　　　　11
- 夜书所见　　宋·叶绍翁　　　　　　　　　14
- 望天门山　　唐·李白　　　　　　　　　　17
- 饮湖上初晴后雨　　宋·苏轼　　　　　　　20
- 望洞庭　　唐·刘禹锡　　　　　　　　　　23
- 早发白帝城　　唐·李白　　　　　　　　　26
- 采莲曲　　唐·王昌龄　　　　　　　　　　29
- 司马光　　选自《宋史·司马光传》　　　　32

六

- 绝句　　唐·杜甫　　　　　　　　　　　　35
- 惠崇春江晚景　　宋·苏轼　　　　　　　　38
- 三衢道中　　宋·曾几　　　　　　　　　　41
- 忆江南　　唐·白居易　　　　　　　　　　44
- 守株待兔　　选自《韩非子·五蠹》　　　　47
- 元日　　宋·王安石　　　　　　　　　　　50
- 清明　　唐·杜牧　　　　　　　　　　　　53
- 九月九日忆山东兄弟　　唐·王维　　　　　56
- 滁州西涧　　唐·韦应物　　　　　　　　　59
- 大林寺桃花　　唐·白居易　　　　　　　　62

七

- 浪淘沙（其七） 唐·刘禹锡 …… 65
- 鹿柴 唐·王维 …… 68
- 暮江吟 唐·白居易 …… 71
- 题西林壁 宋·苏轼 …… 74
- 雪梅 宋·卢钺 …… 77
- 精卫填海 选自《山海经·北山经》 …… 80
- 嫦娥 唐·李商隐 …… 83
- 出塞 唐·王昌龄 …… 86
- 凉州词 唐·王翰 …… 89
- 夏日绝句 宋·李清照 …… 92
- 别董大 唐·高适 …… 95
- 王戎不取道旁李 选自《世说新语·雅量》 …… 98

八

- 四时田园杂兴（其二十五） 宋·范成大 …… 101
- 宿新市徐公店 宋·杨万里 …… 104
- 清平乐·村居 宋·辛弃疾 …… 107
- 江畔独步寻花 唐·杜甫 …… 110
- 蜂 唐·罗隐 …… 113
- 独坐敬亭山 唐·李白 …… 116
- 芙蓉楼送辛渐 唐·王昌龄 …… 119
- 塞下曲 唐·卢纶 …… 122
- 墨梅 元·王冕 …… 125
- 囊萤夜读 选自《晋书·车胤传》 …… 128
- 铁杵成针 宋·祝穆《方舆胜览·眉州》 …… 131

古诗文朗读音频在这里哟!

微信扫一扫,
收听古诗文朗读音频。

好诗不厌百回读,
慢吟细品齿颊香。

所见

清·袁枚

牧童骑黄牛,
歌声振林樾。
意欲捕鸣蝉,
忽然闭口立。

注
牧童:放牛的孩子。
振:振荡,回荡。
林樾:指成荫的树林。樾,树荫。
欲:想要。
捕:捉。
鸣蝉:鸣叫的知了。

译 牧童骑在黄牛背上,嘹亮的歌声在树林里回荡。因为想要捕捉树上鸣叫的知了,于是忽然闭了嘴不再唱歌,一声不响地停在树旁。

♪ 诗文声律
牧童 ⇌ 歌声
骑 ⇌ 振
捕 ⇌ 闭

诗歌助记

牧童 骑 黄牛, 歌声 振 林樾。
意欲 捕 鸣蝉, 忽然 闭口 立。

所见
清·袁枚

□见

清·□枚

牧童骑□□,
歌声振□□。
意欲捕□□,
忽然□□立。

身兼数职的随园主人

和《舟夜书所见》一样，《所见》的作者袁枚也是一位清朝诗人，查慎行生活在康熙皇帝时代，袁枚生活在康熙皇帝的孙子乾隆皇帝时代。袁枚在江宁（现在的南京）等地当过几年县令，三十多岁时就辞了职，在江宁买了一处园子住下来，提前过起了退休生活。

袁枚给新居起名为"随园"，又给自己取名为"随园主人"。这所园子最早是《红楼梦》的作者曹雪芹的祖父曹寅修建的，有一种说法认为这里就是《红楼梦》中大观园的原型。

袁枚虽然辞了公职，但因为他善于经营，收入不减反增。他把随园的田地、池塘出租，收取租金。袁枚勤于创作，写了大量著作，其中的《随园诗话》是一本评论诗歌、诗人的理论书籍；《随园食单》是一本研究美食的烹饪学著作，里面收录了很多美食菜谱；《子不语》是一部写鬼神故事的短篇小说集。而且，这些书都由袁枚自己出版发行。作为文化名人，平时请袁枚写传记、墓志铭的人也很多，收取的稿酬也非常丰厚。另外，他还在随园开办诗文写作班，广招学生，把随园变成了一个文人们聚会作诗、交流创作心得的文化景点。

山行

唐·杜牧

远上寒山石径斜，
白云生处有人家。
停车坐爱枫林晚，
霜叶红于二月花。

注 山行：在山中行走。
寒山：深秋时节的山。
斜：倾斜。古音读 xiá。这里指山间小路弯弯曲曲。
生：产生，生出。一作"深"。"生处"为形成白云的地方，"深处"为云雾缭绕的深处。
坐：因为。
霜叶：经深秋寒霜之后变成红色的枫树叶。

译 远远通往山顶的石头小路弯弯斜斜，在那升腾起白云的地方有几户人家。停下马车是因为喜爱傍晚时分枫林的景色，经历过秋霜的枫叶红得胜过了二月的春花。

诗歌助记

远上 寒山 石径斜， 白云 生处 有人家。
停车 坐爱 枫林晚， 霜叶 红于 二月花。

山行
唐·杜牧

山□

唐·杜□

远上□山□径斜,

白云生处有□□。

停车坐爱□□晚,

□□红于二月花。

秋景诗

　　本诗作者是晚唐著名诗人杜牧，他与比他小十岁的诗人李商隐合称"小李杜"。说到"李杜"，你是不是想起了站在唐诗巅峰的两位大诗人？

　　《山行》是一首非常出名的秋景诗。诗中有"寒山"，说明这是一首写冬天或秋天的诗。"枫林""霜叶"进一步缩小了时间范围，经历过寒霜、已经变红的枫叶正是秋天的典型景象。

　　古诗中描写秋天时，经常会带着一层伤感。因为秋天落叶纷纷，万物凋零，很容易让诗人想起时光流逝，人生易老，这种情感称为"悲秋"。而在杜牧的《山行》中，并没有这种伤感的情绪。前面的寒山、石径、白云虽然是一片灰白的色调，但后面突然出现的一片红色的枫叶林，给整个画面带来了鲜亮的色彩。"霜叶红于二月花"一句，更是表达出在作者眼中，秋天丝毫不逊于春天的勃勃生机。

枫诗佳句

　　晓晴寒未起，霜叶满阶红。唐·白居易《秋雨夜眠》

　　明朝挂帆席，枫叶落纷纷。唐·李白《夜泊牛渚（zhǔ）怀古》

　　月落乌啼霜满天，江枫渔火对愁眠。唐·张继《枫桥夜泊》

　　山远天高烟水寒，相思枫叶丹。五代·李煜（yù）《长相思》

赠刘景文

宋·苏轼

荷尽已无擎雨盖,

菊残犹有傲霜枝。

一年好景君须记,

最是橙黄橘绿时。

注
荷尽:荷花枯萎,残败凋谢。
擎雨盖:这里指荷叶。擎,举,向上托。
傲霜:不怕霜冻寒冷。
君:对对方的尊称。

译 荷花凋谢,连那擎雨的荷叶也枯萎了,菊花凋残,但它的花枝仍在霜冻寒冷中挺立着。朋友,一年中最好的景致你要记住,就是那橙子金黄、橘子青绿的秋天。

♪诗文声律

荷尽 ══ 菊残
已无 ══ 犹有
擎雨盖 ══ 傲霜枝

诗歌助记

荷尽已无擎雨盖,

菊残犹有傲霜枝。

赠刘景文

宋·苏轼

一年好景 君须记,

最是 橙黄 橘绿 时。

赠□□□

□·苏□

□尽已无□□盖，□残犹有□□枝。

一年□□君须记，

最是□□□□时。

赠刘景文

　　苏轼是北宋时期著名诗人、词人，《赠刘景文》创作于他在杭州当太守期间。当时，刘景文是两浙兵马都监，这是一个品级较低的官职，负责管理两浙（现在的江苏、浙江一带）的军队，办公地点也在杭州。刘景文爱读史书，个性豪放，苏轼对他的评价很高，称他为"国士"，就是国中的优秀人才，后来还极力向朝廷推荐他，刘景文也因此得到了升迁。

　　这首诗既是一首描写秋天景色的诗，也是一首送给好友的勉励诗。刘景文比苏轼大四岁，收到这首赠诗时已经五十七岁，算起来也是人生中的秋季。

　　苏轼用秋天景物来比喻人生境遇。虽然荷花已经落尽，惹人喜爱的圆圆荷叶已经枯萎，但菊花凋谢之后仍有花枝在寒霜中挺立，等待着明年再发新芽。再看看此时橙黄橘绿，果实累累，对应到中老年，也正是人一生中最为丰富厚重的时光。

夜书所见
宋·叶绍翁

萧萧梧叶送寒声，
江上秋风动客情。
知有儿童挑促织，
夜深篱落一灯明。

注 萧萧：这里形容风吹梧桐叶发出的声音。
客情：旅客的思乡之情。
挑：用细长的东西拨弄。
促织：蟋蟀，也叫蛐蛐儿。
篱落：篱笆。

译 萧萧秋风吹动梧桐树叶，送来阵阵寒意，
江上吹来的秋风引起旅人的思乡之情。
夜深了，篱笆旁还亮着一点灯火，
知道那是孩子们在草丛中捉蟋蟀。

♪ 诗文声律
梧叶 ⇌ 秋风   送寒声 ⇌ 动客情

诗歌助记

萧萧 梧叶 送 寒声，
江上 秋风 动 客情。

夜书所见
宋·叶绍翁

知有 儿童 挑 促织，
夜深 篱落 一灯明。

夜□□□

宋·叶□□

□□□□送寒声，
　□□□□动客情。

　　　知有儿童□□□，
夜深□□一灯明。

两首夜景诗

前面我们已经学过《舟夜书所见》，今天这首是《夜书所见》，少了一个"舟"。因为前一首是清朝诗人查慎行在船上写的，而《夜书所见》是南宋诗人叶绍翁在江边的村子里写的。

想想叶绍翁姓叶，和《夜书所见》的第一个字读音相同，就不会把这两个诗名和作者弄混了。

促织

诗中的促织就是蟋蟀，是一种在夏秋季节鸣叫的常见昆虫，平时喜欢躲在土洞中、砖块下、草丛里，所以孩子们要用草茎伸进土洞里，或是用细棍拨开草丛"挑"促织。

蟋蟀的鸣叫声实际上是振动翅膀发出的声音，鸣声急促，在夜晚听得格外清楚。古代女子在灯下织布时，听到窗外一阵紧似一阵的蟋蟀鸣叫声，仿佛在催促她们赶紧织布，"促织"这个名称也由此而来。

雄蟋蟀生性好斗，把它们放在一个封闭的小空间里，用草茎加以挑拨，两只蟋蟀就会拼命撕咬争斗。在我国古代，斗蟋蟀是一种常见的游戏，诗中的孩子们半夜三更还提着灯在篱笆下捉蟋蟀，多半也是为了玩斗蟋蟀的游戏。清代小说家蒲松龄有一篇名为《促织》的短篇小说，就是以皇宫中流行斗蟋蟀，并要求老百姓捉蟋蟀进贡为故事背景的。

望天门山

唐·李白

天门中断楚江开，
碧水东流至此回。
两岸青山相对出，
孤帆一片日边来。

注
天门山：今安徽东梁山和西梁山的合称。东梁山在今芜湖市，西梁山在今马鞍山市，两山隔长江相对，像天然的门户，天门由此得名。
中断：江水从中间隔断两山。
楚江：即长江。长江中下游部分河段在古代流经楚地，所以这段长江又称为楚江。
开：劈开，断开。
回：回转，折回。

译
长江像一把巨斧，将天门山从中劈开，东流而去的长江水经过天门山时形成回旋的水流。
两岸青山隔江相对耸立，
一只帆船仿佛从遥远的太阳边悠悠驶来。

♪ 诗文声律

天门 ══ 碧水　　两岸 ══ 孤帆
中断 ══ 东流　　出 ══ 来
开 ══ 回

诗歌助记

天门 中断 楚江开，
碧水 东流 至此回。

望天门山
唐·李白

两岸 青山 相对出，
孤帆 一片 日边来。

望□□山

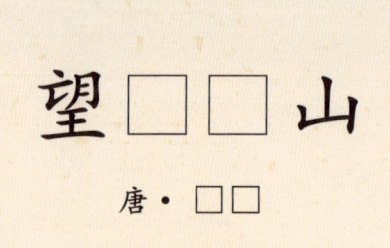

唐·□□

天门□□楚江□,

碧水□□至此□。

两岸□□相对□,

□□一片日边□。

中国第一长河

《望天门山》创作于公元725年。当时，青年李白离开四川，乘着小船顺长江而下。在经过现在安徽境内的天门山时，看到两座高耸的山峰夹江相对，长江像是一把大斧，把一座大山从中劈开，汹涌的江水在这里形成回旋的水流。诗人感叹于眼前壮观的景象，写下了这首气势恢宏的诗作。

长江全长6300多千米，是中国第一长河，世界第三长河。世界第一长河是非洲的尼罗河，第二长河是南美洲的亚马孙河，这两条大河都流经多个国家，而长江全程都在中国境内流淌。长江发源于青海唐古拉山脉的各拉丹冬峰西南侧，自西向东横穿中国中部，蜿蜒流过十一个省市区，在上海崇明岛注入东海。

在古代，我国的另一条大河黄河简称"河"，长江简称为"江"。长江各个河段还有自己专属的名字。比如，源头一段叫沱沱河，接下来到青海玉树的一段叫通天河，青海玉树到四川宜宾的河段称为金沙江，宜宾到湖北宜昌的河段称为川江，湖北枝城到湖南岳阳的河段又称为荆江，江西九江段又称为浔（xún）阳江，安徽段又称皖（wǎn）江，江苏扬州以下的河段又称为扬子江。

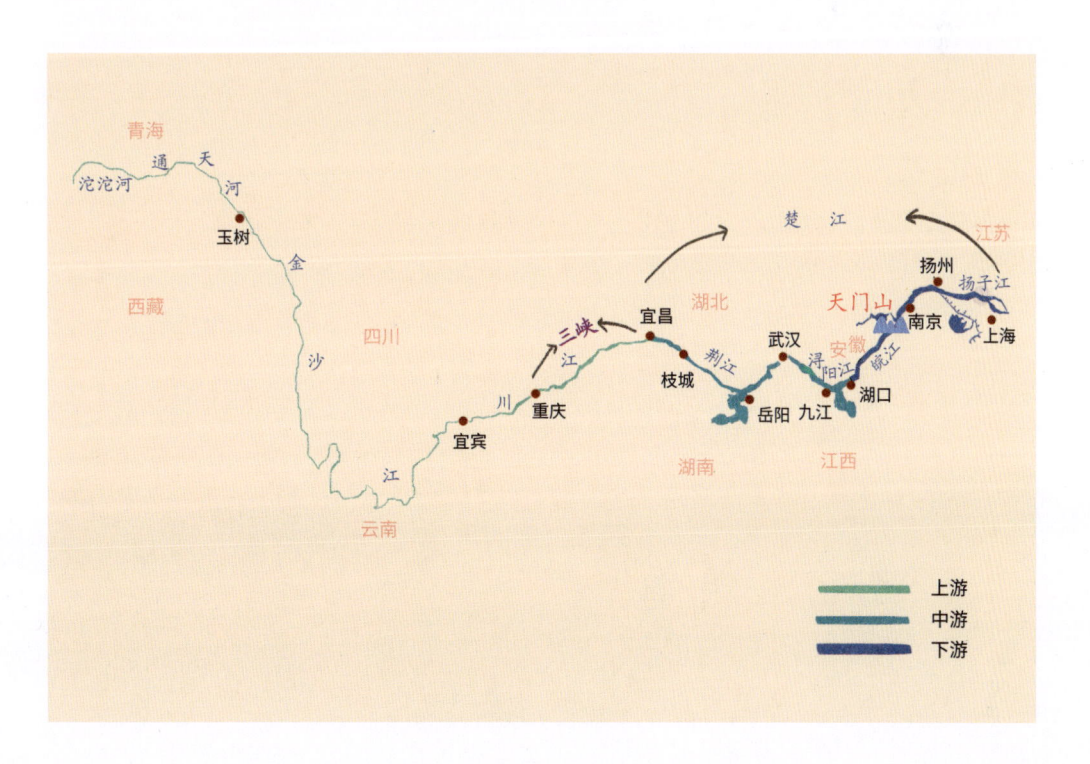

饮湖上初晴后雨

宋·苏轼

水光潋滟晴方好,
山色空蒙雨亦奇。
欲把西湖比西子,
淡妆浓抹总相宜。

注 饮湖上：在湖上喝酒。
潋滟：水面波光闪动的样子。
方：正。
空蒙：云雾迷茫缥缈的样子。
亦：也。
西子：即西施，春秋时代越国的美女。
相宜：适宜，适合。

译 晴天时，阳光下的西湖水波光粼粼，非常美丽，下雨时，湖周的群山笼罩在迷蒙的烟雨中，若隐若现，也是一幅奇景。
想要把西湖比作美女西施，
不管是淡妆还是浓抹，都那么适宜。

♪诗文声律

水光 ⇌ 山色　　晴方好 ⇌ 雨亦奇
潋滟 ⇌ 空蒙

诗歌助记

饮□□初□后□

宋·□□

水光潋滟□□□,

山色空蒙□□□。

□□□□比西子,

□□□□总相宜。

苏轼和西湖

北宋诗人苏轼和杭州有着很深的缘份,在他四十多年的为官生涯中,曾经两次到杭州任职,总共待了五六年。第一次是三十多岁时到杭州当通判,相当于州一级最高长官知州的副手,负责管理司法、粮食、税收、农田水利等工作,辅佐并监督知州。

时隔十多年后,苏轼再次回到杭州当知州。当时的西湖,四周水草疯长,淤泥堆积,使得西湖面积大大减少。苏轼到任后第二年,便带领杭州市民开挖淤泥,疏通西湖,并用挖出来的淤泥修筑了一条横贯西湖的长堤,这条长堤被称为苏公堤,简称"苏堤"。苏轼还派人测量了西湖水深,并在湖水最深处立了三个瓶形石塔作为标记,后来形成了著名的"三潭印月"景观。现在,"苏堤春晓"和"三潭印月"仍是杭州西湖非常热门的两个景点,均为"西湖十景"之一。

《饮湖上初晴后雨》写于诗人第一次来杭州任职时。这组诗共两首,本诗为第二首。第一首中描写了西湖绚丽多彩的晨曦迎接来访的客人,到傍晚时分又下起了雨,热情挽留喝醉的客人欣赏西湖的雨中佳景。所以诗名中有"初晴后雨",诗中晴雨两种景色也分别对应用西施作比喻的浓抹和淡妆。

望洞庭

唐·刘禹锡

湖光秋月两相和,
潭面无风镜未磨。
遥望洞庭山水翠,
白银盘里一青螺。

注 洞庭：即洞庭湖，在今湖南北部。
和：和谐。指水色与月光互相辉映。
潭面：指湖面。
白银盘：白色的银盘。这里比喻泛着白光的洞庭湖面。
青螺：青绿色的螺。这里用来比喻洞庭湖中的君山。

译 秋月映照下的洞庭湖，水色与月光交相辉映，湖面风平浪静，像一面没精细打磨过的铜镜。远远望去，洞庭湖山水一片翠绿，仿佛白银盘子托着一枚青螺一样的君山。

诗歌助记

湖光 秋月 两相和， 潭面 无风 镜未磨。

遥望 洞庭 山水翠， 白银盘 里 一青螺。

望洞庭
唐·刘禹锡

望□□

唐·刘□□

□□□□两相和，
□□□□镜未磨。

遥望洞庭□□□，
□□□里一青螺。

白银盘里一青螺

刘禹锡是中唐时期诗人，和白居易出生于同一年，和韩愈、柳宗元、韦应物等人都是好朋友。

"刘白"组合　"刘柳"组合
白居易　刘禹锡　柳宗元

刘禹锡和柳宗元同一届考上进士，一同被贬官。

再为老弟的全集写篇序。

柳宗元死后，刘禹锡花了二十多年整理他的作品，编成《柳河东集》。

因为参与改革失败，刘禹锡被贬出朝廷，先后被派到多个偏远地区当官。公元824年，刘禹锡被调往和州（今安徽和县），在去和州的路上经过洞庭湖，写下了《望洞庭》，诗中白银盘里的"青螺"指的是洞庭湖中的君山岛。

洞庭湖现在是我国第三大湖（第一、第二分别是青海湖、鄱阳湖），在历史上面积更大，号称"八百里洞庭"。洞庭湖古代也称云梦泽，"洞庭"这个名字来自于湖中的"洞庭山"，也就是现在的君山岛。山、湖同名，所以诗中说"洞庭山水翠"，就像是"白银盘里一青螺"。

传说，当年舜帝南下平定三苗叛乱，他的两个妃子娥皇和女英一路找到这里，听到舜帝在南方病逝的消息，两人痛哭不已。她们的泪水洒在竹子上，形成了点点斑痕。这就是岛上特产斑竹的由来。

我天生长这样，娥皇女英只是传说。

气蒸云梦泽，波撼岳阳城。唐·孟浩然《望洞庭湖赠张丞相》

早发白帝城

唐·李白

朝辞白帝彩云间，
千里江陵一日还。
两岸猿声啼不住，
轻舟已过万重山。

注
发：启程。
白帝城：在今重庆奉节白帝山上。
朝：早晨。　辞：告别。
江陵：今湖北荆州。
还：归，返回。　啼：鸣，叫。
万重山：层层叠叠的山，形容山很多。

译
清晨告别五彩云霞映照中的白帝城，
千里之外的江陵，一天就可以到达。
两岸猿猴的啼声还在耳边回响，
轻快的小舟已经驶过万重青山。

诗歌助记

早发□□城

唐·李□

朝辞□□彩云间,

千里□□一日还。

两岸□□啼不住,

□□已过万重山。

白帝城

李白因为加入被定为叛王的永王李璘的阵营，被朝廷发配去现在贵州一带的夜郎。垂头丧气的李白乘船逆长江而上，从四川前往夜郎，走到白帝城时收到了朝廷下发的赦令。李白欣喜万分，马上乘船返回江陵，并写下了这首诗。

本诗中的两个地名——白帝和江陵，都和三国时期的蜀汉皇帝刘备有关。白帝城位于现在重庆市奉节县的白帝山上，是东汉初年在四川成都一带称帝的公孙述所建，"白帝"是公孙述的自称。江陵则是古代荆州的重要城市。刘备为了夺回被东吴占去的荆州，亲自率军攻打东吴，大败而归，退守白帝城。病重的刘备在临死前，把儿子刘禅（shàn）托付给丞相诸葛亮，并说刘禅如果不堪大用，诸葛亮可以取代他自己当皇帝。这就是历史上著名的"白帝城托孤"。

长江三峡正是以白帝城为西边起点，东到湖北宜昌的南津关，全长193千米。李白乘船从白帝城到江陵，要依次经过瞿（qú）塘峡、巫峡、西陵峡。出三峡后到江陵，又有200千米左右，总共大约是400千米航程。如果每小时走20千米，20个小时就可以抵达江陵。从白帝城到江陵是沿长江顺流而下，加上李白心情畅快，更觉船行如飞。所以说，喜欢在诗中用夸张手法的李白，在"千里江陵一日还"上并没有太过夸张。

采莲曲

唐·王昌龄

荷叶罗裙一色裁，
芙蓉向脸两边开。
乱入池中看不见，
闻歌始觉有人来。

注
采莲曲：古曲名。内容多描写江南一带水乡风光，采莲女的劳动生活。
罗裙：丝绸制成的裙子。
一色裁：像是用同一种颜色的衣料剪裁的。
芙蓉：荷花。
乱入：杂入，混入。
始觉：才知道。

译 碧绿的荷叶和采莲少女的罗裙像是用一种颜色的衣料裁剪而成，
粉红的荷花在两侧朝着少女的脸庞盛开。
少女混入莲池中看不见踪影，
听到歌声才觉察到有人前来。

♪ 诗文声律

荷叶 ⇌ 芙蓉　　一色裁 ⇌ 两边开

诗歌助记

荷叶　罗裙　一色裁，
芙蓉　向脸　两边开。
采莲曲
唐·王昌龄
乱入池中　看不见，
始觉　闻歌　有人来。

□□ 曲

唐·王□□

荷叶罗裙□□□,
芙蓉向脸□□□。
□□□□看不见,
□□□□有人来。

七绝圣手王昌龄

　　王昌龄出生于山西太原，年轻时在边塞待过一段时间，创作了大量描写边塞风光、士兵渴望立功报国或是思念家乡的诗歌，是唐朝著名的边塞诗人，因为七绝写得尤其好，被称为"七绝圣手"。王昌龄和李白、孟浩然、王维、高适、岑参、王之涣等诗人都是好朋友。

　　王昌龄考中进士后，在朝廷工作了几年，后来被派到各地当过一些县级官员，五十岁时被贬到龙标当县尉，所以人们也称他为"王龙标"。县尉是县令的副手。龙标在现在湖南怀化的洪江市，唐朝时属于非常偏远的地方。李白听说王昌龄被贬到龙标，还写了一首诗寄给他，表达自己忧伤的心情和对朋友的关切之情。

　　我寄愁心与明月，随风直到夜郎西。唐·李白《闻王昌龄左迁龙标遥有此寄》

　　据说有一天，王昌龄在龙标城外游玩，在一片荷池边见到一位美丽的少女正在荷池里边采莲边唱歌，于是写下了这首《采莲曲》。

　　安史之乱中，年近六十的王昌龄在回老家途中经过安徽亳（bó）州，被亳州刺史闾（lǘ）丘晓杀害。

司马光

选自《宋史·司马光传》

群儿戏于庭，一儿登瓮，足跌没水中。众皆弃去，光持石击瓮破之，水迸，儿得活。

注 司马光：字君实，陕州夏县（今山西夏县）人。北宋史学家、文学家，主持编纂了中国历史上第一部编年体通史《资治通鉴》。
庭：庭院。
瓮：口小肚大的陶器。
跌：失足摔倒。
皆：全，都。
弃去：逃走。
迸：涌出。

译 一群孩子在庭院里玩耍，一个小孩爬到大缸上，失足跌入缸中，水没过了头顶。其他小孩都跑掉了，只有司马光拿起一块石头砸破了缸，水流了出来，小孩子得以活下来。

司马光

选自《□□·司马光传》

群儿□□□，一儿□□，□□没水中。

□□弃去，光□□□□破之，□□，儿得活。

司马光剥核桃

司马光是北宋时著名的史学家、文学家。他从小聪慧，六岁时父亲开始教他读书，七岁时就已经能背诵史学经典著作《左氏春秋》。

司马光的父亲非常重视对孩子的教育，不仅教他读书作文，更教他诚实做人。司马光五六岁时，有一次摘了些还没有完全成熟的青核桃回来，但是核桃外面的青皮很难剥掉，姐姐帮他剥了好一阵也没剥下来，便扔下核桃走了。

这时，家里一个婢女教司马光把核桃在开水里泡一会儿，然后再剥，皮就很容易剥掉了。姐姐回来后，问这是谁想的好主意，小司马光就说是自己想出来的。没想到，父亲早就在一旁看在眼里，便把司马光狠狠地批评了一顿，对他说："做人不要撒谎！"

从这之后，司马光再也没撒过谎。他长大后，有一次叫人把他的一匹马牵去市场卖掉，并特意嘱咐卖马的人说："这匹马有肺病，一到夏天就会犯病。现在虽然看不出来，但在卖之前一定要告诉人家。"

绝句

唐·杜甫

迟日江山丽，
春风花草香。
泥融飞燕子，
沙暖睡鸳鸯。

注 迟日：春日。春天太阳落山的时间越来越晚，所以被称为"迟日"。
泥融：这里指泥土变湿软。
鸳鸯：一种水鸟，雄鸟与雌鸟常结对生活。

译 春天阳光下的江山格外秀丽，阵阵春风送来花草的芳香。泥土变得湿润松软，燕子忙着衔泥筑巢，河边暖和的沙土上睡着成双成对的鸳鸯。

♪ 诗文声律
迟日 ══ 春风
江山丽 ══ 花草香
泥融 ══ 沙暖
飞燕子 ══ 睡鸳鸯

诗歌助记

迟日 江山丽，
春风 花草香。

绝句
唐·杜甫

泥融 飞 燕子，
沙暖 睡 鸳鸯。

□□

唐·□□

迟日□□□，

春风□□□。

泥□飞□□，

沙□睡□□。

春天和燕子

古诗词中描写春天景色的特别多。春天到来,万物复苏,草长莺飞,鲜花盛开,呈现出一片欣欣向荣的蓬勃生机,很容易引发诗人们一种积极乐观、赞美大好春光的诗情。

燕子是我国很常见的一种鸟,喜欢在农家的屋檐下筑巢,就像家养的鸟一样,于是人们亲切地称它们为家燕。燕子筑巢的主要材料是湿泥和草茎,用唾液粘结在一起。诗中说的"泥融飞燕子",就是指春天气温回升,冬天冻得硬邦邦的泥土融化后变得湿润松软,正是燕子可以衔来筑巢的好材料。

燕子是一种候鸟,冬天飞往南方过冬,等到来年春暖花开时再飞回北方,所以燕子经常和春天紧紧联系在一起。包含有"燕"字的诗词,大多都是描写春天景色的。不过要注意是燕(yàn)子的"燕",与燕(yān)山的"燕"读音不同。

几处早莺争暖树,谁家新燕啄春泥。

唐·白居易《钱塘湖春行》

细雨鱼儿出,微风燕子斜。

唐·杜甫《水槛遣心二首》

落花人独立,微雨燕双飞。

宋·晏几道《临江仙》

无可奈何花落去,似曾相识燕归来。

宋·晏殊《浣溪沙》

惠崇春江晚景

宋·苏轼

竹外桃花三两枝，

春江水暖鸭先知。

蒌蒿满地芦芽短，

正是河豚欲上时。

注 惠崇春江晚景：惠崇是北宋僧人，能诗善画。这首诗是苏轼为惠崇的画作《春江晚景》写的题画诗。两人并没有生活在同一时代，惠崇去世二十年后苏轼才出生。

蒌蒿：草名，嫩茎可以吃。

芦芽：芦苇的嫩芽，可以吃。

河豚：一种肉味鲜美的鱼，但是内脏有剧毒。河豚生活在海洋中，每年春天逆江而上，在淡水中产卵。

译 绿色的竹林，掩映着几枝粉红的桃花，水中嬉戏的鸭子最先察觉到春天的江水已经变暖。

河滩上长满了蒌蒿，芦苇也长出短短的新芽，

此时正是河豚要从大海游回江河，逆流而上产卵的季节。

诗歌助记

惠崇春江晚景
宋·苏轼

竹外 桃花 三两枝， 春江水暖 鸭先知。

蒌蒿满地 芦芽短， 正是 河豚 欲上时。

惠崇春江□□

宋·□□

□□□□三两枝,

□□□□鸭先知。

□□满地□□短,

正是□□欲上时。

美食家苏轼

在《惠崇春江晚景》一诗中，出现了四种植物：竹、桃、蒌蒿、芦芽，两种动物：鸭、河豚，这里面有苏轼最喜爱的植物，也有他热爱的美食。

宁可食无肉，不可居无竹。无肉令人瘦，无竹令人俗。《於（yú）潜僧绿筠（yún）轩》

苏轼是一位美食家。被贬到湖北黄州时，他发明了小火慢煮的东坡肉。到广东惠州当官时，对当地的荔枝赞不绝口。

日啖（dàn）荔枝三百颗，不辞长作岭南人。《惠州一绝》

在江苏常州居住时，对河豚更是青睐（lài）有加。河豚学名叫河鲀（tún），是一种圆筒形的小鱼，遇到危险时会吸入大量的水和空气，把身体鼓得像一个圆滚滚的球。河豚肉味鲜美，但卵巢和肝脏有剧毒，处理和烹饪时稍有不慎，吃后很容易中毒，甚至致死。

据说在常州时，有一次，一位擅长烹饪河豚的朋友精心烹制了河豚，邀请苏轼品尝。美味端上桌后，主人陪在桌边，他的妻子孩子们全都躲在屏风后偷听，想听听大诗人怎么评价这道菜。可苏轼只顾着吃，一句话都没说，大家都很失望。这时，只听苏轼啪的一声放下筷子，大声说道："就是死也值得了！"主人一家听后非常高兴。

苏轼写这首诗时，正是他从常州回到京城开封后不久。看到惠崇的《春江晚景》图，鸭子在春江中嬉戏，蒌蒿满地，芦芽正嫩，想到此时正是吃河豚的时节，于是题写了这首诗。

三衢道中

宋·曾几

梅子黄时日日晴,
小溪泛尽却山行。
绿阴不减来时路,
添得黄鹂四五声。

注 三衢道中:在去衢州的道路上。三衢即衢州,在今浙江,因境内有三衢山而得名。
梅子黄时:梅子变黄成熟的时节,在农历五月,初夏季节。
小溪泛尽:乘小船到小溪的尽头。泛,乘船。
却:再,又。　阴:树荫。
不减:没有减少,不少于,差不多。

译 梅子变黄成熟时,难得天天都是大晴天,乘小船到小溪的尽头再改走山间小路。路旁绿树成荫,与来时的路上一样浓密,更多添了几声黄鹂清脆的鸣叫声。

诗歌助记

□□道中 宋·□□

□□黄时日日晴，

□□泛尽却□□。

□□不减来时路，　添得□□四五声。

古诗词中的歌唱家

《三衢道中》的作者曾几生活在北宋末年、南宋初年。他写了很多爱国诗、悯农诗,但更多的还是表达闲情逸趣的写景诗,风格清新恬淡、活泼明快。曾几是南宋大诗人陆游的老师,比陆游大四十一岁,活到了八十多岁高龄。陆游在为他撰写的墓志铭里给予了老师很高的评价,曾几爱国忧民的思想也深深影响了陆游。

江南一带,梅子变黄成熟的这段时期大多都是阴雨连绵的天气,被称为"梅雨季节",所以诗中的"梅子黄时日日晴"是难得一见的好天气,诗人的心情也变得格外轻松愉快。最后一句诗中的几声黄鹂鸣叫,更为全诗增添了无穷的生机和意趣。

黄鹂也叫黄莺,是古诗词中出镜率非常高的一种鸟。黄鹂的羽毛主要为鲜亮的黄色,不过它更为独特的地方在于鸣叫声婉转如歌,悦耳动听。所以古诗词中写到黄鹂时,大多都是在描写它们好听的声音。

两个黄鹂鸣翠柳,一行白鹭上青天。
唐·杜甫《绝句》

别人只关心你飞得高不高。

我却在乎你唱得好不好。

漠漠水田飞白鹭,
阴阴夏木啭(zhuàn)黄鹂。
唐·王维《积雨辋(wǎng)川庄作》

没错,我就是古诗词中的主唱担当。

留连戏蝶时时舞,自在娇莺恰恰啼。
唐·杜甫《江畔独步寻花(其六)》

千里莺啼绿映红,水村山郭酒旗风。
唐·杜牧《江南春》

独怜幽草涧(jiàn)边生,上有黄鹂深树鸣。
唐·韦应物《滁(chú)州西涧》

躲在茂密的树叶间唱歌更有神秘感。

池上碧苔三四点,叶底黄鹂一两声。
宋·晏殊《破阵子》

忆江南

唐·白居易

江南好,风景旧曾谙。
日出江花红胜火,
春来江水绿如蓝。
能不忆江南?

注
忆江南:词牌名。
江南:这里指长江下游的江浙一带。
谙:熟悉。
绿如蓝:绿得比蓝草还要绿。如,这里同"于",胜过。蓝,蓝草,其叶子可制青绿色染料。

译
江南好,那美丽的风景我曾经是多么熟悉。太阳出来,照得岸边的红花比火焰还要红,春天到来,碧绿的江水比蓝草还要绿。怎能叫人不想念江南?

♪ 诗文声律

日出 ━━ 春来   红胜火 ━━ 绿如蓝
江花 ━━ 江水

诗歌助记

江南好,风景旧曾谙。   日出 江花 红胜火,

春来   江水   绿如蓝。   能不忆江南?

忆江南
唐·白居易

忆□□　　　唐·白□□

□□好，风景□□□。

日出□□红胜□，

春来□□绿如□。

能不忆□□？

诗和词

今天学的《忆江南》是一首词。"忆江南"这个词牌原名"望江南"。作者白居易曾在江南的苏州、杭州当过几年官，晚年在洛阳闲居时，回忆起江南的景色，写下了三首词，并把"望"改成了"忆"。今天学的是其中第一首。

词是唐朝开始兴起的一种诗歌形式，到宋朝时发展到顶峰。写词是先有乐谱，再根据乐谱来填词。这些乐谱被称为词牌。每个乐谱都有自己的名字，比如"忆江南""浣溪沙""水调歌头"，这叫"词牌名"。每个词牌有多少句、每句有多少个字、每句的平仄，都是固定的。不同的词人会根据同一个词牌来填词，所以你会发现很多首不同的词有着相同的名字。

我们都是诗歌，最早都是歌曲的词，是用来唱的。

我很古老，先秦时期的《诗经》是中国第一部诗集。

我很年轻，形成于唐代。

我有四句的、八句的，更多句的。

我的句数很随机。

我每一句五个字或七个字，也有少数四个字、其他字数的。

我的每一句有长有短，所以我也叫长短句。

再长我也不分段。

短的就一段；长的分为两段，称为上阕（què）和下阕。

我的名字根据诗的内容来取。

我的词牌名和内容可以毫无关系。

守株待兔

选自《韩非子·五蠹》

宋人有耕者。田中有株。兔走触株，折颈而死。因释其耒而守株，冀复得兔。兔不可复得，而身为宋国笑。

注
株：树桩。
走：跑。
因：于是。
释：放下。
耒：古代一种农具，形状像叉子。
冀：希望。

译 宋国有个农民。他的田地中有一截树桩。一天，一只跑得飞快的野兔撞在树桩上，折断脖子死了。于是，农民放下他的农具，天天守在树桩子旁边，希望能再得到一只兔子。可是撞死在树桩上的野兔再也没碰到，而他自己却被宋国人笑话。

守株待兔

选自《韩非子·□□》

宋人有□□。
田中有□。

兔走□□，□□而死。

因□□□而守株，冀□□□。兔□□□□，而身为□□□。

地图上的寓言故事

今天学的这篇短文出自战国思想家韩非的著作《韩非子》。这本书中记录了很多有趣的寓言故事，除了守株待兔，还有郑人买履、自相矛盾、买椟还珠、滥竽充数等。这些寓言故事同时也是成语故事。成语"守株待兔"就出自这里，比喻心存侥幸，坐等意外收获而不主动努力；也比喻死守狭隘的经验，不知道变通。

故事中的宋人指一个宋国人。秦朝之前的春秋战国时期，中华大地上有许多小国家，在很多先秦时期的寓言故事中，主角都没有名字，只用"国名+人"来指代。从下面这张图不难发现，楚人和宋人贡献了不少寓言故事。

郑人买履
一个郑国人去买鞋的故事。

宋人疑邻
一个宋国人怀疑邻居偷了他家东西。

买椟还珠
一个郑国人买珍珠，哦不，买盒子的故事。

杞人忧天
一个杞国人担心天会掉下来。

拔苗助长
一个宋国人想要帮禾苗快快长高。

刻舟求剑
一个楚国人在船上刻记号找剑的故事。

守株待兔
一个宋国人守着树桩等兔子。

自相矛盾
一个楚国人卖矛和盾时牛皮吹大了。

画蛇添足
一个楚国人给蛇画上了脚。

49

元 日

宋·王安石

爆竹声中一岁除,
春风送暖入屠苏。
千门万户曈曈日,
总把新桃换旧符。

注 元日：指农历正月初一。
屠苏：指屠苏酒，一种药酒。古人认为大年初一喝这种酒可以驱邪（xié）防病。
曈曈：太阳刚出来时光亮的样子。
桃：桃符。

译 爆竹声中旧的一年已经过去，
饮着醇美的屠苏酒，感受到了春天的气息。
千家万户迎着初升的太阳，
忙着取下旧桃符，换上新桃符。

诗歌助记

□□

宋·王□□

□□声中一岁除,

春风送暖入□□。

千门万户□□□,

总把□□换□□。

元旦和春节

　　《元日》描写了新年热闹欢乐、万象更新的景象。这一年，王安石主持的变法刚开始推行，看到家家户户一片欢乐祥和，忙着迎接新年，想到新法令如果成功实施，必将让国家面貌焕然一新，于是有感而发，写下了这首诗。

　　元日就是元旦，新年的第一天。中国古代使用的是农历，现在使用公历，于是人们用元旦来指代公历的 1 月 1 日，而把农历的元旦改称为春节。

　　诗中说到了古代春节时的三个习俗：放爆竹、挂桃符、喝屠苏酒。

　　古人烧竹子使竹子爆裂发出响声，用来驱鬼辟（bì）邪，称为爆竹。鞭炮发明出来后，人们用放鞭炮替代了烧竹子，所以鞭炮也叫作爆竹。

　　古人认为桃木可以辟邪，就在两块长方形的桃木板上分别刻上神荼（shēn shū）、郁垒（yù lǜ）两位神人的形象和名字，挂在大门两旁，用来辟邪祈福，这两块桃木板就叫桃符。每到新年第一天，要取下旧桃符，换上新桃符。这个风俗后来演变成了贴春联。

　　古代新年第一天，家人要聚在一起喝屠苏酒。与平时喝酒长者为先不同的是，屠苏酒要从年纪小的人开始喝。每到新年，年轻人长了一岁，年纪大的人则老了一岁，所以从幼到长，先祝贺年轻人成长，再祝福年长者长寿。

清明

唐·杜牧

清明时节雨纷纷,
路上行人欲断魂。
借问酒家何处有?
牧童遥指杏花村。

注
清明:我国传统节日,也是二十四节气之一。
欲断魂:像要丢了魂似的。形容伤感忧愁的心情。
借问:打听,询问。
杏花村:杏花深处的村庄。杏花村也因这首诗而得名,在今安徽池州城西。

译
清明时节细雨纷纷,
路上的行人内心忧伤愁闷。
打听一下哪里才有酒家?
牧童指了指远处杏花深处的小村庄。

诗歌助记

□□ 唐·□□

清明时节□□□,
路上行人□□□。

借问□□何处有？

□□遥指□□□。

清明节

　　《清明》写于作者在池州（今安徽池州）当刺史时。池州在长江以南，清明前后正是江南地区阴雨连绵的时节。

　　清明既是我国的传统节日，又是二十四节气之一，和春节、端午、中秋等其他按农历算的传统节日不同，每年的清明节大致对应的是公历日期，在4月5日前后。

　　我国古代，有在清明节祭祖、踏青、插柳、放风筝等习俗，其中，扫墓祭祖的风俗一直保留至今。

扫墓祭祖

在墓前摆放祭品，行礼祭拜，缅（miǎn）怀祖先。

踏青

清明是春季的第五个节气，天气变暖，花红柳绿，正是去郊外踏青游玩的好时节。

插柳

在门旁插上柳条，据说能驱鬼辟邪。

放风筝

把风筝放上天后剪断风筝线，让风筝顺风飘走，据说飞走的风筝能带走病痛和灾难。

九月九日忆山东兄弟

唐·王维

独在异乡为异客，
每逢佳节倍思亲。
遥知兄弟登高处，
遍插茱萸少一人。

注 九月九日：指农历九月初九重阳节。
山东兄弟：王维的家乡蒲州（今山西永济）在华山东边，所以称家乡兄弟为"山东兄弟"。
登高：古代有重阳节登高的风俗。
茱萸：一种香气浓郁的植物。古人认为重阳节插戴茱萸可以避灾驱邪。

译 一个人独自在他乡作客，
每逢节日加倍思念家乡的亲人。
遥想兄弟们今日登高望远时，
大家都戴着茱萸，单单少了我一个人。

诗歌助记

九月九日忆□□□

唐·□□

独在□□为□□，

每逢□□倍思亲。

遥知□□登高处，

遍插□□少一人。

重阳节

王维十五岁时离开家乡,来到京城长安参加考试,很快便崭露头角。转眼之间两年过去了,重阳节这天,独自在异乡漂泊的少年王维格外思念家乡的朋友和亲人。想着往年的这一天,和朋友们一起佩戴茱萸,登高望远。今天的此时,朋友们肯定也聚在一起,只是那热闹的人群中唯独少了自己,于是写下了这首思念家乡亲朋的诗。

农历九月初九为重阳节。中国传统文化中九为最大的阳数,九月初九有两个九,所以称为重阳。九九也寓意长久、高寿,我国现在也把农历九月初九定为老年节。在古代,重阳节有登高、赏菊、喝菊花酒、佩戴茱萸避祸驱邪等习俗。

重阳节历史悠久,古代文人也留下了很多关于重阳节的诗句。

待到重阳日,还来就菊花。 唐·孟浩然《过故人庄》
等到重阳节那天,再来边赏菊边喝酒。

相逢不用忙归去,明日黄花蝶也愁。 宋·苏轼《九日次韵王巩》
既然来了就不要急着回去,好好欣赏今天的菊花,等到明天过后菊花逐渐凋谢,那爱花的蝴蝶也要发愁了。成语"明日黄花"就出自这里。

佳节又重阳,玉枕纱厨,半夜凉初透。 宋·李清照《醉花阴》
又到了重阳佳节,枕着玉枕头,睡在纱帐中,半夜里整个人都被冻透了。

滁州西涧

唐·韦应物

独怜幽草涧边生，
上有黄鹂深树鸣。
春潮带雨晚来急，
野渡无人舟自横。

注
滁州西涧：滁州即今安徽滁州。西涧是滁州城西的一条小河。
独怜：只爱。怜，爱怜。
幽草：长在幽深地方的小草。
深树：枝叶茂密的树冠深处。
春潮：春天的潮水。
野渡：城郊野外的渡口。

译
只爱涧边幽深处野草遍地生长，
上面传来黄鹂在枝叶深处的婉转啼鸣。
春天的潮水带着傍晚时分的一场骤雨，水势变得更加湍急，
郊野渡口一只没有船夫的小船顺着水流横漂在水面上。

♪ 诗文声律

幽草 ⇌ 黄鹂　　春潮 ⇌ 野渡
涧边生 ⇌ 深树鸣　　带雨 ⇌ 无人

诗歌助记

独怜
幽草　涧边生，
上有
黄鹂　深树　鸣。

滁州西涧
唐·韦应物

春潮　带雨　晚来急，
野渡　无人　舟自横。

滁州□□

唐·韦□□

独怜□□涧边□,
上有□□深树□。

春潮□□晚来□,
□□无人舟自□。

从浪子到清官

韦应物出生于盛唐后期京城长安一个声名显赫的大家族,祖上官员、文人辈出,曾祖父在武则天时期当过宰相。韦应物十五岁时,就进宫成为唐玄宗的侍从,跟随在皇帝左右。年轻时的韦应物是个典型的纨绔(wán kù)子弟,横行乡里,欺压百姓,不可一世。

安史之乱爆发后,唐玄宗逃出京城去了蜀地,韦应物也丢了工作,这才开始静下心来,发愤读书,后来凭着自己的才华,先后在洛阳、滁州、江州、苏州等地担任地方官。《滁州西涧》就是韦应物在滁州担任刺史期间,到城外的西涧游玩,写下的一首描景如画的诗。

韦应物作为官员,勤于政事,爱护百姓,看到他管辖的地方还有百姓因为贫困逃往他乡,就觉得是自己没有尽到职责,愧对朝廷发的俸禄(fèng lù)。

身多疾病思田里,邑(yì)有流亡愧俸钱。《寄李儋(dān)元锡》

苏州刺史是韦应物的最后一个官职,所以后人也称他为"韦苏州"。韦应物为官清廉,在苏州的任期满后,竟然穷到没有路费回京城等待朝廷再派新职,于是借住在苏州的一所寺庙里,不久后就去世了。

大林寺桃花
唐·白居易

人间四月芳菲尽，
山寺桃花始盛开。
长恨春归无觅处，
不知转入此中来。

注 大林寺：位于江西九江庐山的大林峰上。
人间：这里指庐山下的平地村落。
芳菲：盛开的花，也泛指花草。
长恨：常常惋惜。
觅：寻找。

译 农历四月，山下的百花凋零落尽，高山古寺中的桃花才刚刚盛开。我常常惋惜春天逝去无处寻觅，没想到它已经悄悄转移到这里来。

♪ 诗文声律

人间 ⇌ 山寺

诗歌助记

大林寺桃花
唐·白居易

人间 四月 芳菲尽，　　山寺 桃花 始盛开。
长恨 春归 无觅处，　　不知 转入 此中来。

□□□ 桃花

唐·白居易

人间四月□□□,
山寺桃花□□□。
长恨春归□□□,
不知转入□□□。

白居易和江州

白居易的代表作《琵琶行》的最后两句：座中泣下谁最多？江州司马青衫湿。句中的江州司马指的就是白居易自己。江州是现在的江西九江。当时，白居易因为得罪了朝廷里的实权人物，被贬到江州当司马。在唐代，司马是辅佐州长官刺史的官员，没有什么具体工作，实际上就是一个闲职。在白居易来江州的三十年前，《滁州西涧》的作者韦应物也在江州当过一年刺史。

白居易在江州待了四年。刚来时因为被贬官心情不好，又不适应南方湿热多雨的气候，白居易叫苦连天，成天思念京城，想着什么时候能回去。但时间一长，便发现了江州的美妙之处。这里物产丰富，美食多样，天下名山庐山近在咫尺，四季景色各异，等到被调离江州时，白居易已经对这里恋恋不舍。

住近湓江地低湿，黄芦苦竹绕宅生。《琵琶行》

夏天又湿又热，冬天房子漏风。

大林寺位于庐山的大林峰。农历四月是初夏季节，平原上的花已经凋落殆尽。但是山上海拔高，加上林木茂密，气温要比平地低，所以桃花开得晚。诗人登山来到大林寺，惊喜地看到寺中的桃花开得正盛，于是写下了这首诗。

真香！

酒好喝又便宜，满江鲜鱼，竹笋鲜嫩，风景还好。

浪淘沙（其七）

唐·刘禹锡

八月涛声吼地来，
头高数丈触山回。
须臾却入海门去，
卷起沙堆似雪堆。

注 浪淘沙：唐代曲名。
刘禹锡：字梦得，河南洛阳人。唐朝文学家、哲学家，有"诗豪"之称。
须臾：极短的时间，片刻。
海门：江海汇合之处。

译 八月潮水奔涌，浪涛声惊天吼地而来，数丈高的浪头拍到岸边山崖后被撞回。转眼之间就已经奔流到江海汇合之处，在岸边卷起一座座洁白如雪堆的沙堆。

♪诗文声律
吼地来 ⇌ 触山回

诗歌助记

八月 涛声 吼地 来， 头高 数丈 触山 回。

须臾 却入 海门 去， 卷起 沙堆 似 雪堆。

浪淘沙（其七）
唐·刘禹锡

浪□□（其七）

唐·刘□□

八月涛声□□来，

头高数丈□□回。

□□却入□□去，

卷起□□似□□。

钱塘江潮

　　《浪淘沙》是唐代曲名，后来用作词牌名。刘禹锡用这个名字和曲调创作了一组诗，总共是九首，本诗为第七首，后面我们还会学到另一首。

　　这首诗描写了钱塘江涌潮的壮观场面。钱塘江古代名为浙江，因为流经钱塘县（今浙江杭州），又有了钱塘这个名字。钱塘江是浙江省内最大的河流，浙江省的命名也正是来自于这条江。钱塘江发源于安徽省南部，上游一段也称为新安江，向东流进浙江后，在富阳一段也称为富春江，最后到杭州湾注入东海。因为江口呈喇叭状，大海涨潮时，潮水倒灌进江口，形成著名的钱塘潮。

　　提到海潮，就要说说潮汐。潮汐指的是海水受月亮和太阳的引潮力产生的周期性涨落的现象。古人把早上涨潮称为潮，晚上涨潮称为汐，合称"潮汐"。和太阳相比，月亮离地球更近，它的引潮力是太阳的两倍还多一点儿。所以潮汐的大小和以月亮圆缺周期定一个月长度的农历日期密切相关，通常是月初和十五到十八日潮水最大。

　　钱塘潮被称为"天下第一潮"，和亚马孙大潮、恒河大潮并称为"世界三大潮汐"。每年的农历八月十八，在浙江海宁看到的钱塘潮最为壮观。潮水涌来时，远看潮头像一条横贯江面的白线，等潮头越来越近，浪头越来越高，像长长一道直立的水墙，涛声惊天动地，成为古往今来自然界的一大奇观。2000多年前，观看钱塘潮就已经成为当地的一种风俗，唐宋时期更是盛行，很多文人都为这一自然奇景留下了佳句名篇。

鹿柴

唐·王维

空山不见人,
但闻人语响。
返景入深林,
复照青苔上。

注：鹿柴：用带枝杈的树木搭成的栅栏，形似鹿角。这里指王维辋川别业中的一景。
柴，同"寨"，木栅栏。
但：只。
返景：太阳将落时通过云彩反射的阳光。
复：又。

译：空荡荡的山中看不见人影，
只听到有人说话的声音。
落日通过云彩反射的光射进树林深处，
重新照在幽暗处的青苔上。

诗歌助记

□□

唐·□□

空山□□人，

但闻□□响。

□□入深林，

复照□□上。

山水田园诗和《辋川集》

王维是盛唐时期山水田园诗派的代表，和孟浩然齐名，两人并称"王孟"。山水田园诗就是描写山水景色、田园生活的诗。

为了更加亲近大自然，体验真正的山水田园生活，四十多岁时，王维买下了诗人宋之问在都城长安附近的蓝田辋川山谷间的一处别墅，并在这个基础上建成了一处有山有水有树林的大型园林，称为辋川别业。别业就是别墅。

辋川山谷有鹿柴、竹里馆等二十处景点。王维与朋友裴（péi）迪共游辋川，并为每个景点各作一首诗，这四十首诗全都是短小精悍的五言绝句，收录在《辋川集》中。《鹿柴》就是其中的一首。

独坐幽篁里，弹琴复长啸。

深林人不知，明月来相照。 唐·王维《竹里馆》

暮江吟

唐·白居易

一道残阳铺水中,
半江瑟瑟半江红。
可怜九月初三夜,
露似真珠月似弓。

注 暮江吟:黄昏时分在江边所作的诗。吟,古代诗歌体裁的一种。
残阳:快落山的太阳的光。
瑟瑟:这里指阳光没照射到的江水呈现出的青绿色。
可怜:可爱。
真珠:这里指珍珠。
月似弓:农历初三的月亮为新月,其弯如弓。

译 一道夕阳的余辉铺在江水上,
江水一半青绿一半火红。
这可爱的九月初三的夜晚,
露水晶莹如珍珠,新月弯弯像把弓。

诗歌助记

□□吟

唐·白□□

一道□□铺水中,

半江□□半江□。

可怜□□□夜,

露似□□月似□。

初三之夜月似弓

白居易被贬到江州等地工作几年后，终于被召回了朝廷。可白居易厌倦了朝中的勾心斗角，待了两年后便请求到外地去工作。这一次，五十岁的白居易被派到杭州当刺史。在去往杭州的旅途中，诗人看到黄昏时夕阳映照江面，入夜后新月初升，露水晶莹，写下了这首诗。

> 没带日历，我也知道今天的日期。

诗中说到这一天是九月初三，"露似真珠月似弓"。其实，不光九月初三，任何一个月的初三夜，月亮都像弯弯的弓一样。

我国的传统历法农历是以月亮形状的变化为依据制定的，月亮的一次圆缺便是一个月。所以在不同的月份，相同的日子对应的月亮形状大致都是固定的。比如，三十、初一没有月亮；初二、初三会出现弯弯的月牙，缺口朝东，称为新月；初七、初八的月亮只有西边半个，叫上弦月；十五、十六的月亮是圆的，叫满月；二十二、二十三的月亮只有东边半个，叫下弦月；二十七、二十八的月亮也是一个月牙，缺口朝西，有些像声母C，称为残月，想想"残"的声母就是C，以后你就能分清新月和残月了。

新月	上弦月	满月	下弦月	残月
（初三）	（初八）	（十五）	（二十三）	（二十八）

题西林壁

宋·苏轼

横看成岭侧成峰,
远近高低各不同。
不识庐山真面目,
只缘身在此山中。

注　题西林壁：写在西林寺的墙壁上。西林，指西林寺，位于庐山西麓。题，书写，题写。
真面目：指庐山真实的景色、形状。
缘：因为。

译　从正面看山岭连绵，从侧面看山峰高耸，从远处、近处、高处、低处看去，庐山的姿态各不相同。
看不清庐山真实的面貌，
只因为我就身处在这座深山之中。

诗歌助记

题□□□　宋·□□

□看成□侧成□，

远□高□各不同。

不识庐山□□□，

只缘身在□□□。

李苏才学

如果说李白是唐代排名第一的诗人，那既能写诗又能作词的苏轼可以说是宋代第一文人。有一次，宋神宗问身边的臣子："苏轼可以和哪位古人相比？"有人说："可以和唐代的李白相比。"神宗摇摇头说："李白有苏轼的才华，但是没有苏轼学问大。"

当时，苏轼被贬到湖北黄州当团练副使（没有实权的州级副军事长官），神宗多次想把他调回朝廷，都被周围的人劝阻。一天，神宗说："苏轼被派到偏远的地方思过已经几年了，但是这个人有才能，还是不忍心就这么放弃他呀！"于是下旨把苏轼从黄州调到河南汝州，离京城近了一些。苏轼从黄州前往汝州上任，途中经九江、南京，绕了一大圈，游山访友，《题西林壁》就是他在游览庐山时写下的。全诗从字面上看是描写庐山，其中却暗含哲理：人们所处的位置不同，对事物的认识也会不同。身处其中就难以看清事物的全貌，只有从中跳脱出来，才能客观全面地认识问题。

不畏浮云遮望眼，自缘身在最高层。

宋·王安石《登飞来峰》

雪梅

宋·卢钺

梅雪争春未肯降，
骚人阁笔费评章。
梅须逊雪三分白，
雪却输梅一段香。

注 降：服输。
骚人：诗人。战国时楚国诗人屈原的代表作为《离骚》，后来便称诗人为骚人。
阁：同"搁"，放下。
评章：评议。这里指评议梅与雪的高下。
逊：不及，比不上。

译 梅花和雪花都认为自己是春天最美的景色，谁也不肯服输，
诗人放下笔来好好思考评议一番。
梅花要比雪花少了三分晶莹洁白，
雪花却输在没有梅花的一股清香。

♪ 诗文声律

梅 ═ 雪　　　　雪 ═ 梅
须 ═ 却　　　　三分白 ═ 一段香
逊 ═ 输

诗歌助记

梅雪 争春 未肯降，

骚人 阁笔 费评章。

雪梅
宋·卢钺

梅 须逊雪 三分白，

雪 却输梅 一段香。

□□ 宋·卢□

梅雪□□未肯降，

骚人□□费评章。

梅须□雪□□白，
雪却□梅□□香。

爱梅花的诗人

本诗为南宋末年诗人卢钺所作。这位诗人非常喜欢梅花，还给自己取了个号叫"梅坡"。卢梅坡留下来的诗作很少，但两首《雪梅》广为流传，成为写雪梅的经典之作。

大多数花在风和日暖的春天开放，梅花则在冬末春初的严寒中盛开，所以被古代文人赋予不畏艰险、孤傲独立、优雅谦逊的品质，经常成为诗词中的主角。当梅花在漫天纷飞的雪花中傲立于枝头，花、雪相映，更呈现出一种令人惊异的美。

有梅无雪不精神，有雪无梅俗了人。日暮诗成天又雪，与梅并作十分春。

宋·卢钺《雪梅（其二）》

在清代吴敬梓（zǐ）的小说《儒林外史》中，元朝末年的王冕以善画荷花而闻名。实际上，这位画家兼诗人更爱的是梅花。他给自己取号为梅花屋主，留下了许多关于梅花的画作和诗作。

冰雪林中著此身，不同桃李混芳尘。元·王冕《白梅》

开花冰雪里，岂是不知春？元·王冕《梅花》

北宋诗人林逋（bū）性格孤傲，超凡脱俗。他一辈子没当过官，没结过婚，中年以后隐居在杭州西湖边种梅养鹤，把梅花当成妻子，把鹤当成孩子。成语"梅妻鹤子"就是出自于他，用来形容一种清雅脱俗的隐居情怀。

疏影横斜水清浅，暗香浮动月黄昏。

宋·林逋《山园小梅》

养娃不如养鹤，又省钱又省心。

梅诗佳句

来日绮窗前，寒梅著花未？唐·王维《杂诗三首》

零落成泥碾作尘，只有香如故。宋·陆游《卜算子》

何方可化身千亿，一树梅花一放翁。宋·陆游《梅花绝句》

精卫填海

选自《山海经·北山经》

炎帝之少女，名曰女娃。女娃游于东海，溺而不返，故为精卫，常衔西山之木石，以堙于东海。

注：精卫：神话中一种鸟的名字，形状和乌鸦相似，但头上有花纹，嘴是白色的，脚是红色的，叫声像是"精卫精卫"，因而得名。传说精卫鸟是炎帝小女儿溺水身亡后的化身。
炎帝：传说中上古时期的部落首领。
少女：小女儿。
溺：溺水，淹没。
故：因此。
堙：填塞。

译：炎帝的小女儿名叫女娃。有一次，女娃去东海游玩，不幸溺水，再也没有回来。她死后变成了一只精卫鸟，经常叼着西山上的树枝和石子，用来填塞东海。

□□填海

选自《山海经·□□□》

炎帝之少女,名曰□□。  □□游于□□,□而不返,

故为□□,  常衔□□之木石,以堙于□□。

《山海经》

《山海经》是我国战国时期、西汉初年一部重要的地理著作，书中记载了约 40 个邦国、550 座山、300 条水道、100 多位历史人物、400 多个神兽，还有大量的神话传说。

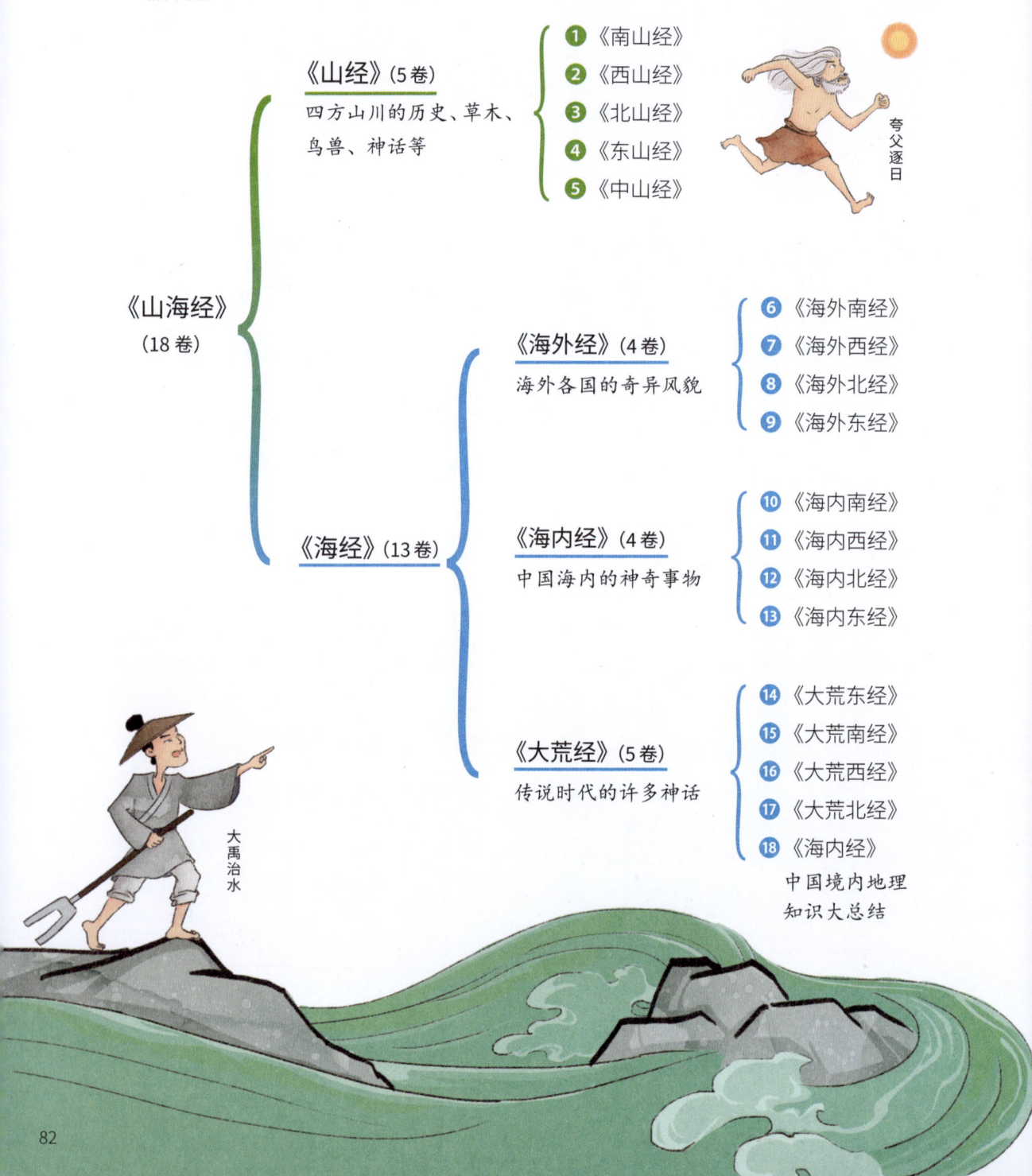

《山海经》（18 卷）
- 《山经》(5 卷) 四方山川的历史、草木、鸟兽、神话等
  - ❶ 《南山经》
  - ❷ 《西山经》
  - ❸ 《北山经》
  - ❹ 《东山经》
  - ❺ 《中山经》

夸父逐日

- 《海经》(13 卷)
  - 《海外经》(4 卷) 海外各国的奇异风貌
    - ❻ 《海外南经》
    - ❼ 《海外西经》
    - ❽ 《海外北经》
    - ❾ 《海外东经》
  - 《海内经》(4 卷) 中国海内的神奇事物
    - ❿ 《海内南经》
    - ⓫ 《海内西经》
    - ⓬ 《海内北经》
    - ⓭ 《海内东经》
  - 《大荒经》(5 卷) 传说时代的许多神话
    - ⓮ 《大荒东经》
    - ⓯ 《大荒南经》
    - ⓰ 《大荒西经》
    - ⓱ 《大荒北经》
    - ⓲ 《海内经》 中国境内地理知识大总结

大禹治水

嫦娥

唐·李商隐

云母屏风烛影深，
长河渐落晓星沉。
嫦娥应悔偷灵药，
碧海青天夜夜心。

注 嫦娥：神话传说中的月中仙女。
云母屏风：装饰着云母石的屏风。屏风是一种放在室内用来挡风或隔断视线的用具。
长河：银河。
碧海青天：指嫦娥的生活单调孤寂，只能见到碧蓝如海的广漠天空。

译 云母屏风上，越来越暗的烛光投下浓重的暗影，
银河渐渐稀落，晨星也已经隐没。
嫦娥应该后悔当初偷吃了长生不老药，
如今空对着碧海青天，夜夜孤寂难眠。

诗歌助记

云母屏风　烛影深，　长河　渐落　晓星沉。
嫦娥　应悔　偷灵药，　碧海　青天　夜夜心。

嫦娥
唐·李商隐

□□

唐·李□□

□□屏风□□深,

　　□□渐落□□沉。

嫦娥应悔□□□,

　　碧海青天□□□。

嫦娥奔月

《嫦娥》这首诗依据我国一个古老的神话传说故事《嫦娥奔月》而作。传说，嫦娥是后羿的妻子。有一次，后羿从西王母那里讨来一种吃后可以长生不死的灵药，打算和妻子一起分享。可是，嫦娥趁丈夫不注意，自己一个人偷偷把灵药吃了，结果就变成了神仙，飞向了天空。她一直飞到月亮上，在广寒宫住了下来。据说，还有一只整天忙着捣药的玉兔在月宫里陪着她。现代文学家鲁迅根据这个传说创作了短篇小说《奔月》，收入在《故事新编》中。

《嫦娥奔月》这个神话反映出古人对浩渺宇宙的好奇，对日月星辰的崇拜。正因为嫦娥身上寄托着"飞上月亮"的文化寓意，我国在启动月球探测工程时，将这一工程命名为"嫦娥工程"，发射的月球探测器也以"嫦娥"命名。

李商隐是晚唐诗人，和写"清明时节雨纷纷"的杜牧合称为"小李杜"。他的诗作构思新奇，情感细腻。《嫦娥》一诗中，作者由自己的一夜无眠，联想到神话故事中弃夫奔月的嫦娥，一个人独居广寒宫中，面对着深蓝广漠的夜空，会不会也是夜夜无眠。

出塞

唐·王昌龄

秦时明月汉时关，
万里长征人未还。
但使龙城飞将在，
不教胡马度阴山。

注 出塞：古代军乐中的一种曲名。 但使：只要。
龙城飞将：汉朝名将李广。这里泛指英勇善战的将领。
龙城，汉朝时匈奴的要地，泛指塞外敌方据点。
教：使，令，让。
胡马：指侵扰中原的北方游牧民族骑兵。胡，我国古代泛称西北方的少数民族。
度：越过。 阴山：位于今内蒙古中部及河北北部。

译 依旧是秦汉时期的明月和边关，万里出征的将士没有几个能回来。如果当年奇袭龙城的将领如今还在，一定不会让敌人的铁蹄越过阴山。

诗歌助记

秦时明月 汉时关，
万里长征 人 未还。
出塞 唐·王昌龄
但使 龙城飞将 在，
不教胡马 度 阴山。

□□　唐·王□□

秦时□□汉时□，

万里□□人未还。

但使□□□□在，

不教□□度□□。

诗文中的互文

诗中第一句"秦时明月汉时关",并不是指秦朝的明月、汉朝的边关,而是指秦汉时的明月和边关。在古诗文中,一句话的前后两部分看上去各自独立,其实意义上是互相交错、互为补充的,这种修辞手法称为"互文"。除了一句话的两部分,上下两句或接连几句也可以形成互文。

这种手法的运用是为了使句子更有韵律感,读上去朗朗上口,同时也可以通过重复表达让人印象更加深刻。我们来看看互文手法和普通表达之间的差异。

主人下马客在船。唐·白居易《琵琶行》 主人和客人下了马,上了船。

烟笼寒水月笼沙。唐·杜牧《泊秦淮》
烟雾和月光笼罩着寒水和沙。

谈笑有鸿儒,往来无白丁。唐·刘禹锡《陋室铭》
一起谈笑和往来的只有鸿儒,没有白丁。

鸿儒:博学的人。白丁:没学问的人。

东市买骏马,西市买鞍鞯(ān jiān),
南市买辔(pèi)头,北市买长鞭。

南北朝《木兰诗》

在东西南北各处的集市上买了骏马、鞍鞯、辔头、长鞭等战具。

凉州词

唐·王翰

葡萄美酒夜光杯，

欲饮琵琶马上催。

醉卧沙场君莫笑，

古来征战几人回？

注
凉州词：凉州曲为唐代曲调名，起源于凉州（今甘肃武威）一带，为此曲填的词则为凉州词。
夜光杯：用美玉制成的酒杯，夜间能够发光。这里指非常精致的酒杯。
沙场：战场。
征战：打仗。

译
葡萄美酒倒满了精致的酒杯，正要举杯畅饮，就听马背上响起琵琶声在催人出发。
如果有一天我醉卧在沙场上，请你不要笑话，自古以来出外打仗的能有几人返回家乡？

诗歌助记

□□词

唐·□□

□□美酒□□□,

欲饮□□马上催。

醉卧□□君莫笑,

古来□□几人回?

葡萄酒和琵琶

葡萄是西域的特产。历史上的西域指的是现在甘肃玉门关、阳关以西的新疆和中亚等地区。汉武帝时，张骞（qiān）出使西域，打通中原通往西域的丝绸之路后，葡萄才沿着丝绸之路传入中原地区。葡萄可以用来酿造美酒，最晚在唐朝时，中原人民就已经喝上葡萄酒了。

年年战骨埋荒外，
空见蒲桃（葡萄）入汉家。

唐·李颀《古从军行》

西域盛产玉石。早在三千年前，西域曾向周穆王进献一种用白玉制作的酒杯，据说能在夜里大放光明，称为夜光杯。

琵琶也是西域传进来的一种乐器，游牧民族的人们通常是骑在马上弹奏琵琶，所以诗中有"欲饮琵琶马上催"之句。

你可能会发现"琵琶"和"枇杷"这两个词读音一样，字形相似。实际上，木制弹拨乐器琵琶最早就叫枇杷，后来为了和形状与琵琶相似的水果枇杷区别开来，才换成了和"琴""瑟"一样更适合弦乐器的偏旁。

枇杷不是此琵琶，只怨当年识字差。
若使琵琶能结果，满城箫管尽开花。

本诗前两句中出现的葡萄、夜光杯、琵琶，全都带着典型的西域特征，为这首边塞诗增添了浓郁的边塞因素。

王翰和同为边塞诗人的王昌龄是老乡，都是山西太原人，生活的年代也大致相同。王翰性格豪放，诗中的"醉卧沙场"比喻战死沙场，但用"醉卧"一词，表现出诗人豪迈豁达的气概。

夏日绝句

宋·李清照

生当作人杰,
死亦为鬼雄。
至今思项羽,
不肯过江东。

注 项羽：秦朝末年的起义军领袖，在与刘邦争夺天下的战争中失败自杀。
江东：长江的总体流向是从西往东流，但在安徽芜湖和江苏南京之间为西南、东北流向，古人习惯上称从这段往下的长江南岸地区为江东。项羽当初跟随叔父项梁在江东起兵。

译 活着就要当人中的豪杰，
死了也要做鬼中的英雄。
人们到今天还在怀念项羽，
是因为他宁可死也不肯渡过长江退回江东。

♪ 诗文声律

生 ⇌ 死　　人杰 ⇌ 鬼雄
当作 ⇌ 亦为

诗歌助记

夏日绝句
宋·李清照

生 当作 人杰，　　死 亦为 鬼雄。

至今 思 项羽，　　不肯 过 江东。

□□ 绝句

宋·李□□

生当作□□,

死亦为□□。

至今□□□,

不肯□□□。

才女李清照

本诗作者李清照生活在北宋、南宋之交，以词作闻名，有"千古第一才女"之称。

李清照出生于书香门第，父亲和苏轼是好朋友。李清照从小耳濡目染，才华过人，十六岁时便以一首《如梦令》名动京城。

昨夜雨疏风骤，浓睡不消残酒。试问卷帘人，却道海棠依旧。知否，知否？应是绿肥红瘦。《如梦令》

十八岁时，李清照和金石学家（研究金属钟鼎、石头碑文的学者）赵明诚结婚。两人婚后感情很好，经常一起研究书画、碑文，写诗词唱和。一次，李清照写下一首《醉花阴》寄给出门在外的丈夫。赵明诚看后拍案叫绝，但心里又有点儿不服，于是把自己关在家里三天，写了十五首词，然后把妻子的作品抄写后混进其中，一起交给朋友点评，不料朋友从这一堆词作中单单挑出了《醉花阴》中的三句。

莫道不销魂，帘卷西风，人比黄花瘦。《醉花阴》

李清照四十多岁时，北方的金军攻破汴京，把宋徽宗、宋钦宗抓去了金国，北宋灭亡，李清照也开始了颠沛流离的流亡生涯。宋徽宗的儿子宋高宗逃到南方，建立了南宋，后来定都于现在的浙江杭州。李清照愤怒于南宋统治者抛弃中原的百姓和河山、在南方苟且偷生的行径，路过当年项羽自杀的乌江边时，写下了《夏日绝句》，赞美项羽因为愧对江东父老，宁可死也不愿回江东苟活的精神，和南宋统治者形成鲜明对比。

别董大

唐·高适

千里黄云白日曛,
北风吹雁雪纷纷。
莫愁前路无知己,
天下谁人不识君?

注 董大:指高适的朋友董庭兰,当时著名的琴师,他在兄弟中排行老大,所以称"董大"。
黄云:暗黄色的云。雪天的云层常呈现出暗黄色。
白日曛:太阳黯淡无光。曛,昏暗。
知己:知心朋友。
君:你,这里指董大。

译 天空黄云绵延千里,太阳黯淡无光,
呼啸的北风吹着南飞的雁群,大雪纷纷扬扬。
不要担心前路茫茫遇不到知己,
天下有谁不知道你董庭兰的大名呢?

诗歌助记

别 □□

唐·高□

千里□□白日曛，
北风□□雪纷纷。
莫愁前路□□□，
天下谁人□□□？

边塞诗人高适

高适比李白小三岁,和李白、杜甫都是好朋友,三人还曾结伴同游现在的河南一带。他一生前后三次前往边塞,写下了大量优秀的诗篇,是和岑参齐名的边塞诗人,两人合称"高岑"。

借问梅花何处落,风吹一夜满关山。《塞上听吹笛》

城头画角三四声,匣里宝刀昼夜鸣。《送浑将军出塞》

五十岁以前的高适,不仅在事业上屡遭挫折,生活上也经常陷入贫困不堪的境地。他二十岁时带着自己的诗作前往长安,想求得一官半职,却一无所获,三十多岁时参加科举考试也没考上,直到四十六岁才考中进士,当了个小小的县尉。

有一次,著名琴师董庭兰前来拜访,他穷得连买酒的钱都没有。不过即便身处逆境之中,高适仍然保持着乐观的心态,对未来充满期待,相信总有一天会遇到欣赏自己的人,并把同样的祝福写进了送给朋友的诗里。

莫愁前路无知己,
天下谁人不识君。

来,让我们以茶代酒。

情义到了,喝酒喝茶都一样。

丈夫贫贱应未足,今日相逢无酒钱。

《别董大(其二)》

我也不甘心这么穷,可今天见面连酒钱都掏不出来。

安史之乱爆发后,五十三岁的高适跟随唐玄宗到了成都,他的才能也终于有机会得到施展。高适不仅能写诗,还很会带兵打仗,因为平定叛乱有功,官职节节高升,后来成为唐代唯一一个因为军功封侯的诗人。

将军里最会写诗,诗人里最会打仗。

王戎不取道旁李

选自《世说新语·雅量》

王戎七岁，尝与诸小儿游。看道边李树多子折枝，诸儿竞走取之，唯戎不动。人问之，答曰："树在道边而多子，此必苦李。"取之，信然。

注
尝：曾经。
诸：众多。
竞走：争着跑过去。
唯：只有。
信然：的确如此。

译 　王戎七岁的时候，曾经和许多小孩一起嬉戏玩耍。他们看见路边的李子树上结满了李子，把树枝都压弯了，孩子们争相跑过去摘李子，只有王戎没有动。有人问他为什么不去摘李子，王戎回答说："李树长在路边，树上竟然还有这么多李子，这一定是苦李子。"孩子们摘下李子一尝，的确如此。

□□不取道旁李

选自《□□□□·雅量》

王戎七岁，尝与□□□游。

看□□李树多子□□，诸儿□□取之，唯戎不动。

人问之，答曰："树在□□而□□，此必□□。"取之，□□。

魏晋第一吝啬鬼王戎

　　王戎的这个小故事出自南朝刘义庆编写的《世说新语》，这是一本志人小说集（记述人物的逸闻琐事、言谈举止的短篇故事集），很多故事只有短短几句话。故事的主角都是魏晋时期的真实人物，很多历史上大名鼎鼎的人物小时候的有趣故事都被刘义庆写进了这本书里。

> 我的李子甜又大，整个京城独一家。

> 又甜又脆大李子

　　王戎是三国到西晋时期的知名人物、高级官员，还是"竹林七贤"的成员之一，生活中却是个十足的吝啬（lìn sè）鬼。他家有棵李子树，结的李子又大又甜。他想把这些李子卖掉挣钱，又怕别人留下李子核种成树，以后他的李子就卖不出好价钱了。于是，王戎挨个儿在李子上钻洞，直到把核钻破，没法种活，然后再把李子拿出去卖。

> 这李子长虫子了吗？

> 这是什么神操作？

四时田园杂兴（其二十五）

宋·范成大

梅子金黄杏子肥，
麦花雪白菜花稀。
日长篱落无人过，
惟有蜻蜓蛱蝶飞。

注
四时：春夏秋冬四个季节。
杂兴：随兴而写的诗。
篱落：篱笆。
蛱蝶：蝴蝶的一种。

译 初夏时节，梅子金黄，杏子又大又水灵，麦穗花雪白，油菜花稀疏。夏日悠长，篱笆边无人过往，只有蜻蜓和蝴蝶在飞来飞去。

♪ 诗文声律

梅子 ══ 麦花
金黄 ══ 雪白
杏子肥 ══ 菜花稀

诗歌助记

梅子金黄　杏子肥，
麦花雪白　菜花稀。

四时田园杂兴
（其二十五）
宋·范成大

日长　篱落　无人过，
惟有　蜻蜓　蛱蝶飞。

□□田园杂兴
（其二十五）

宋·范□□

梅子□□杏子□，

麦花□□菜花□。

日长□□无人过，

惟有□□□□飞。

出使金国

本诗作者范成大是南宋诗人,和陆游、杨万里、尤袤(mào)齐名,并称为"南宋四大家"。

范成大不仅是一位文学家,也是历史上一位名臣。当时,南宋为了求得和平,与北方强大的金国签订了带有屈辱性质的和约。这一年,南宋皇帝想派大臣前往金国,协商修改和约中关于南宋接受金国国书礼仪的条款,并让金国把北宋历代皇帝陵墓所在的那块地还回来。满朝大臣都认为这是一项不可能完成的任务,惹恼了金国,甚至都没法活着回来,所以谁都不敢去。只有范成大挺身而出,接受了这项使命。

在金国朝廷上,范成大毫不畏惧,据理力争,坚持要把修改后的条约呈给皇帝。最后条约虽然没改成,地也没还,但范成大的忠诚和勇气让金国皇帝赞叹不已,称他可以作为宋、金两国臣子的表率。金国也做出了一些让步,答应宋朝把皇帝的陵墓迁走。

范成大因为这次出使有功,回国后受到朝廷重用。但他性格刚直,不久后就因为阻止皇帝任命宠臣,被派到外地去了。

宿新市徐公店

宋·杨万里

篱落疏疏一径深,
树头新绿未成阴。
儿童急走追黄蝶,
飞入菜花无处寻。

注 宿新市徐公店:住在新市的徐家客店。新市,地名,在今湖南攸(yōu)县北。徐公店,姓徐的人家开的客店。
疏疏:稀疏。
径:小路。
阴:树荫。
急走:奔跑。走,跑的意思。

译 稀稀疏疏的篱笆旁,一条小路通向远方,路旁树头刚长出新叶,还未形成浓密的树荫。小孩子奔跑着追赶黄蝴蝶,蝴蝶飞进黄色的菜花丛中,再也找不到了。

诗歌助记

篱落疏疏 一径深,
树头新绿 未成阴。
宿新市徐公店 宋·杨万里
儿童急走 追 黄蝶,
飞入 菜花 无处寻。

宿新市□□□

宋·杨□□

　　□□疏疏一径□，

　　□□新绿未成□。

　　儿童急走□□□，

　　飞入菜花□□□。

植物和季节诗

从"树头新绿未成阴"和"飞入菜花无处寻"两句可以看出，本诗描写的是春天的风景。因为树枝上长出的新叶还没有形成浓密的树荫，地里成片的油菜花开得正盛，以至于黄色的蝴蝶飞进花丛中后就找不到了，正是春天的典型景色。杨万里写了很多优美的写景诗，在这些诗中常常能看到不同季节的代表性植物。

春　柳树

柳条百尺拂银塘，且莫深青只浅黄。《新柳》

长长的柳条轻轻拂过闪着银光的池塘水面，
柳条还不是深青色，只是浅浅的黄。

夏　梅子、芭蕉

梅子留酸软齿牙，芭蕉分绿与窗纱。

《闲居初夏午睡起》

酸酸的梅子酸倒了牙，芭蕉叶的绿色映照在纱窗上。

夏　竹林

竹深树密虫鸣处，时有微凉不是风。《夏夜追凉》

竹林深处夏虫鸣叫，生起一阵阵凉意，但却并不是风。

秋　残荷

绿池落尽红蕖（qú）却，荷叶犹开最小钱。

《秋凉晚步》

绿色的荷叶落尽了，红色的荷花凋谢了，但仍有新长出来的小如铜钱的荷叶。

清平乐·村居

宋·辛弃疾

茅檐低小，溪上青青草。

醉里吴音相媚好，白发谁家翁媪？

大儿锄豆溪东，中儿正织鸡笼。

最喜小儿亡赖，溪头卧剥莲蓬。

注 清平乐：词牌名。
村居：住在乡村，本首词的题目。
茅檐：茅草屋的屋檐，这里借指茅草屋。
吴音：吴地的方言。辛弃疾写这首词时，正在带湖（今属江西）闲居，这里古代属于吴地。
翁媪：老翁和老妇。 锄豆：锄掉豆田里的草。
亡赖：同"无赖"。这里指小孩顽皮、淘气。
卧：趴。

译 茅草屋又矮又小，溪边长满了青青的小草。
带着醉意的吴地方言听起来温柔又美好，
那满头白发的老头老太太是谁家的呀？
他们的大儿子在溪东边的豆田里锄草，
二儿子正在编织鸡笼。
最让人喜爱的是顽皮的小儿子，
正趴在溪边剥刚摘下来的莲蓬。

诗歌助记

清平乐·□□

宋·辛□□

茅檐□□，溪上□□□。

醉里吴音□□□，白发谁家□□？

大儿□□溪东，中儿□□□□。

最喜小儿亡赖，溪头□□□□。

爱国词人辛弃疾

辛弃疾是南宋时期的一位官员和将领，更是一位著名的词人，比爱国诗人陆游小十五岁。辛弃疾和北宋词人苏轼风格相近，词作视野广阔，气势恢宏，两人为宋朝豪放派词人的代表，合称"苏辛"。

辛弃疾的故乡在现在的山东济南，他出生时，这里已经被北方游牧民族建立的金国占领，所以他从小便把收复宋朝失地当成自己的使命。

长大后，辛弃疾加入了反抗金国统治的义军。后来，叛徒张安国杀害义军首领，率军向金军投降，二十三岁的辛弃疾带领五十名勇士闯进张安国的军营，活捉了叛徒，带着二十多万义军来到南宋。当时，这一事件震动全国，连南宋皇帝都对他赞不绝口。

可惜的是，在南宋朝廷，主张与金国议和的投降派占了上风，辛弃疾被他们排挤，多次被贬官，他想要为国家收复故土的理想也无法实现，这让他非常悲愤。

了却君王天下事，赢得生前身后名。可怜白发生！《破阵子》

一心想要为君王完成收复国家失地的大业，也为自己赢得世代相传的美名。可惜啊，转眼间头发都已经白了！

西北望长安，可怜无数山。《菩萨蛮》
我朝西北方向遥望曾经的中原都城长安，只可惜被无数重青山阻隔。

四十多岁时，辛弃疾便被革除了官职，在乡村闲居中度过了最后二十多年的时光。其中虽然有过几次短暂复出，但最后依然是壮志未酬，抱憾而终。

江畔独步寻花

唐·杜甫

黄师塔前江水东，
春光懒困倚微风。
桃花一簇开无主，
可爱深红爱浅红？

注 江畔：江边。这里指成都锦江之滨。
独步：独自散步。
黄师塔：埋葬黄姓僧人的墓塔。
一簇：一丛。
倚：倚靠，伴随。
无主：没有主人。

译 黄师塔前，江水向东流去，
春光融融让人困倦，只想倚着微风小憩。
路边一株无主的桃花开得正盛，
深红色的桃花和浅红色的桃花，哪一种更可爱呢？

诗歌助记

黄师塔前 江水东，
春光 懒困 倚微风。
江畔独步寻花
唐·杜甫
桃花 一簇 开无主，
可爱 深红 爱 浅红？

江畔□□寻花

唐·□□

黄师塔前□□□,

春光懒困□□□。

□□一簇开无主,

可爱□□爱□□?

桃花诗

唐代安史之乱期间，颠沛流离的杜甫在成都西郊浣花溪畔暂时居住下来。这一年春暖花开的时节，诗人到附近的锦江边散步赏花，写下了《江畔独步寻花七绝句》组诗，共七首，本诗为第五首。

桃花在早春开放，通常被诗人们看作是春天到来的象征。在描写春天景色的诗中，桃花的出镜率相当高。

去年今日此门中，
人面桃花相映红。

去年的今天，就在这扇门里，姑娘的脸庞和桃花相互映衬，分外绯红。

人面不知何处去，
桃花依旧笑春风。 唐·崔护《题都城南庄》

今天再来这里，漂亮的姑娘不知去了哪里，只有桃花依旧在春风中盛开。

人间四月芳菲尽，山寺桃花始盛开。 唐·白居易《大林寺桃花》
平地的花都凋谢了，山中的桃花才刚刚盛开。

玄都观里桃千树，尽是刘郎去后栽。 唐·刘禹锡《玄都观桃花》
玄都观里上千棵桃树，都是在我被贬离开京城后栽下的。

桃花浅深处，似匀深浅妆。 唐·元稹《桃花》
桃花颜色有深有浅，就像姑娘正在调匀妆容的浓淡。

寻得桃源好避秦，桃红又是一年春。 宋·谢枋（fāng）得《庆庵寺桃花》
住在与世隔绝的世外桃源，看到桃花盛开，才知道新的一年到来了。

蜂

唐·罗隐

不论平地与山尖，
无限风光尽被占。
采得百花成蜜后，
为谁辛苦为谁甜？

注 无限风光：极其美好的风景。
占：占有，占据。
采：采集。这里指采集花蜜。

译 无论是在平地还是在山峰，
鲜花盛开、风景无限美好的地方都被蜜蜂占据。
小蜜蜂采尽百花酿成了花蜜，
到底是为谁付出辛苦，又是为谁能品尝到香甜呢？

诗歌助记

□

唐·罗□

不论□□与□□，

无限□□尽被占。

采得□□成蜜后，

为谁□□为谁□。

屡考屡败的罗隐

本诗作者罗隐生活在唐代末年，逝世于唐朝灭亡三年后。罗隐从小便才华过人，只可惜运气不好，加上他平时又喜欢写诗文嘲讽权贵，参加了十多次科举考试却没考上，罗隐也因此满腹抱怨。

据说，朝廷官员曾聚在一起商量，打算起用他，这时一个人说："我有一次和罗隐同坐一条船，船夫告诉他，'船上有一位朝廷官员'。罗隐却大言不惭地说，'什么朝廷官员？我就是用脚趾夹着笔写诗作文，也比得过他们几十人。'这么狂妄自大的人如果进了朝廷，哪里会把我们放在眼里？"大家一听觉得有道理，于是再也不提这事了。

罗隐用诗歌抒发个人情感，表达独到见解，留下了很多经典诗句。

今朝有酒今朝醉，明日愁来明日愁。《自遣》

今天有酒就痛痛快快喝他个酩酊（mǐng dǐng）大醉，明天的忧愁留到明天再去愁。

家国兴亡自有时，吴人何苦怨西施。西施若解倾吴国，越国亡来又是谁？《西施》

国家兴亡自有其时运，吴人又何苦埋怨西施导致国家灭亡。如果西施真知道怎样颠覆吴国，那么后来让越国灭亡的又是谁呢？

尽道丰年瑞，丰年事若何？长安有贫者，为瑞不宜多。《雪》

都说瑞雪兆丰年，丰年又是什么样的情形呢？长安城里还有很多饥寒交迫的穷人，即使是瑞雪也不能下太多啊！

独坐敬亭山

<small>唐·李白</small>

众鸟高飞尽,
孤云独去闲。
相看两不厌,
只有敬亭山。

注
敬亭山：在今安徽宣城北。
尽：没有了。
闲：悠闲自在的样子。
相看：这里把山比作人，指诗人和敬亭山互相看着。
厌：满足。

译 鸟儿们飞向高空，消失不见，空中唯一的一朵云也悠然飘走。
能和我彼此对视，谁也看不够、看不厌的，也只有这敬亭山了。

♪ 诗文声律

众鸟 ⇌ 孤云　　尽 ⇌ 闲
高飞 ⇌ 独去

诗歌助记

众鸟　　　　　孤云
　高飞尽，　　　独去闲。

相看 两不厌，　只有 敬亭山。

独坐敬亭山
唐·李白

独坐□□山　　唐·□□

□□高飞尽，

　　　　　　　　□□独去闲。

相看□□□，

只有□□□。

古诗词中的拟人

　　本诗中,诗人和敬亭山"相看两不厌",是把山比作人,使用的是拟人手法。"拟人"是文学作品中一种常见的修辞手法,就是把本来不具有人的个性、情感的事物,写得和人一样有感情、有语言、有动作。这种写法可以使文章更加生动形象,富于趣味。在古诗词中,诗人们也经常用到拟人手法。

花间一壶酒,独酌无相亲。
举杯邀明月,对影成三人。
　　　　　　　　唐·李白《月下独酌》

一个人喝酒好孤独。举起酒杯邀请明月,月亮、我、我的影子,咱哥仨一起喝多热闹。

> 我就是神秘的第三人。

蜡烛有心还惜别,替人垂泪到天明。
　　　　　　　　唐·杜牧《赠别》

蜡烛也有心啊,看它依依惜别,替离别的人们流泪到天明。

> 明天就要分别,真让人伤心啊!

唯有南风旧相识,偷开门户又翻书。
　　　　　　　　宋·刘攽(bān)《新晴》

只有南风像是结识多年的老友,悄悄推开房门,又翻起了桌上的书。

> 什么好书,我也看看。

一水护田将绿绕,两山排闼(tà)送青来。
　　　　　　　　宋·王安石《书湖阴先生壁》

一条水渠环抱着田里大片碧绿的禾苗,两座山峰推门而入,给人们送来满眼青翠。

> 小田田,快到我的怀里来!

> 休息一下眼睛,看看这满山青翠。

芙蓉楼送辛渐

唐·王昌龄

寒雨连江夜入吴，
平明送客楚山孤。
洛阳亲友如相问，
一片冰心在玉壶。

注 芙蓉楼：故址在今江苏镇江北，紧临长江。
辛渐：诗人的一位朋友。
连江：雨水与江面连成一片，形容雨很大。
吴：江苏镇江在古代属于吴地。
平明：天刚亮的时候。
楚山：泛指长江中下游一带的山。古代吴、楚先后统治过这一带，所以上句中称为"吴"。
冰心：像冰一样晶莹纯洁的心。

译 在连绵寒雨洒满江面的夜晚来到吴地，
清晨送别朋友，江边的楚山看上去都如此孤寂。
到了洛阳，如果亲友问起我，
请转告他们，我的心依然像玉壶里的冰那样晶莹纯洁。

诗歌助记

寒雨 连江 夜入吴，
平明 送客 楚山孤。

芙蓉楼送辛渐
唐·王昌龄

洛阳 亲友 如相问，
一片 冰心 在玉壶。

□□ 楼送辛渐

唐·王□□

寒雨连江□□□,

平明送客□□□。

□□亲友如相问,

一片□□在□□。

夜雨诗

王昌龄一生仕途坎坷，几次被贬官，大部分时间都在地方上当县级官员，四十多岁时在江宁当了八年县丞，所以也被人称为"王江宁"。江宁位于现在的江苏南京，县丞是县令的副手，相当于副县长。这首诗正是创作于这段时期。

一个下着雨的寒冷清晨，诗人送朋友从南京附近的镇江渡江北上，走扬州回洛阳，整个情绪是孤寂伤感的。王昌龄平时为人处事不拘小节，遭到很多人的非议，诗人写这首诗也是为了表明自己的清白。他特意叮嘱朋友："如果洛阳的亲友问起我，告诉他们，我的心依然像玉壶里的冰一样明净无瑕。"

在古诗词中，雨能渲染整首作品的意境，其中的夜雨则常常和伤感的情绪联系在一起。

> 你问我，何时归故里，
> 我也轻声地问自己。

君问归期未有期，巴山夜雨涨秋池。

唐·李商隐《夜雨寄北》

你问我什么时候回来，我也不知道。此刻的巴山夜晚，正下着绵绵秋雨，连池塘都装满了。

梧桐树，三更雨，不道离情正苦。一叶叶，一声声，空阶滴到明。

唐·温庭筠《更漏子》

窗外的梧桐树，半夜三更的冷雨，也不管屋里的人儿正为别离伤心。雨点敲打着一片一片的梧桐叶，一声一声地滴落在无人的石阶上，一直滴到天亮。

床头屋漏无干处，雨脚如麻未断绝。 唐·杜甫《茅屋为秋风所破歌》

屋顶漏雨，屋里没有干燥的地方，雨水像麻线一样不停地往下漏，没有停下的时候。

三更酒醒残灯在，卧听潇潇雨打蓬。 宋·陆游《东关》

三更时从酒醉中醒来，只见残灯还亮着，躺在船上静静听着潇潇夜雨打在船篷上。

塞下曲

唐·卢纶

月黑雁飞高,
单于夜遁逃。
欲将轻骑逐,
大雪满弓刀。

注 塞下曲:古时边塞的一种军歌。
月黑:没有月光。
单于:匈奴的首领。这里泛指侵扰唐朝的游牧民族首领。
遁:逃走。 轻骑:轻装快速的骑兵。
逐:追赶。

译 一个没有月亮的夜晚,雁群受到惊吓,纷纷飞起,原来是单于的军队趁着夜色骑马奔逃。
将军正要率领轻骑兵一路追赶,
纷纷扬扬的大雪落满了将士们的弓箭和佩刀。

诗歌助记

月黑雁飞高, 单于夜遁逃。

欲将 轻骑逐, 大雪满弓刀。

塞下曲
唐·卢纶

□□曲

唐·卢□

□□雁飞高,

□□夜遁逃。

欲将□□逐,

大雪满□□。

雪天和大雁

本诗作者卢纶是中唐诗人,曾在边塞军营任职。他的边塞诗雄壮豪放,极富生气,《塞下曲》组诗共六首,本诗为其中第三首。

大雁通常出现在描写秋天的古诗词中。因为大雁是中国很常见的一种候鸟,每到秋天,就会从北方地区飞到南方过冬。古人认为,雁群飞到现在湖南衡阳的回雁峰便不再往南飞,而是在这里栖息下来,等到来年春天再飞回北方。回雁峰是南岳衡山的一座山峰,有"南岳第一峰"之称。在古诗词中,大雁经常和衡阳联系在一起。

塞下秋来风景异,
衡阳雁去无留意。宋·范仲淹《渔家傲》
秋天一来,边塞的风景大变,
大雁纷纷飞去衡阳,毫无留念之意。

春风一夜到衡阳,楚水燕山万里长。
莫怪春来便归去,江南虽好是他乡。明·王恭《春雁》
一夜之间,春风吹遍了衡阳城,南方的楚水和北方的燕山相隔万里。
不要怪大雁一到春天便启程北归,江南虽好,毕竟不是故乡。

但在本诗中,诗人描写的是北方边塞地区,大雪天里为什么还会有大雁呢?

这是因为,大雁的老家在西伯利亚,八九月开始南飞,而我国北方地区气候寒冷,秋天下雪也并不奇怪。

北风卷地白草折,胡天八月即飞雪。唐·岑参《白雪歌送武判官归京》
千里黄云白日曛,北风吹雁雪纷纷。唐·高适《别董大》

另外一种解释则认为,诗中的"月黑雁飞高"并不是说真有大雁飞起,而是用大雁高飞来比喻单于夜逃:就像雁群高飞一样,单于带着军队趁着夜色溃逃。

墨梅

元·王冕

我家洗砚池头树,
朵朵花开淡墨痕。
不要人夸好颜色,
只留清气满乾坤。

注 墨梅:用墨笔画的梅花。
洗砚池:写字、画画后洗笔洗砚的池子。砚,砚台,磨墨用的文具。传说会稽(今浙江绍兴)蕺(jí)山下有晋代大书法家王羲之的洗砚池,由于王羲之练习勤奋,经常在池子里洗笔洗砚,把整个池塘的水都染黑了。这里化用了这个典故。
乾坤:天地间。

译 我家洗砚池边的梅树,
朵朵梅花像是用淡淡的墨汁点染而成。
它不需要别人夸它的颜色有多么好看,
只是默默散发出清香之气充满天地之间。

诗歌助记

我家 洗砚池头 树, 朵朵 花开 淡墨痕。

不要 人夸 好颜色, 只留 清气 满乾坤。

墨梅
元·王冕

□ 梅

元·王□

我家□□□□树，

朵朵花开淡□□。

不要人夸好□□，

只留清气满□□。

自学成才的王冕

王冕是元代末年的著名画家、诗人。本诗是一首题写在画上的诗,诗中描写的梅花是诗人用水墨画出的梅花,所以称"朵朵花开淡墨痕"。

王冕出身贫寒,几岁时父亲就让他帮家里放牛。他放牛时,常常被学堂里孩子们的读书声吸引,跑去偷听他们念书,并默默记在心里,有时候连牛走丢了都不知道。

母亲见他这么爱读书,就劝他父亲说:"孩子爱读书,就由他去吧。"于是小王冕住到了附近的寺庙里,夜里坐在佛像的膝盖上,就着佛像前的长明灯读书,经常一读就读到天亮。多年的勤学苦读,使王冕成长为一位博学多才的学者。

王冕放牛时照着池塘里的荷花自学画画的故事也广为流传。后来他成了一代大家,以画梅、画竹闻名天下。

王冕性格孤傲,为人正直,后来的明朝开国皇帝朱元璋在率兵打天下时,曾经请王冕出山辅佐自己,被轻视功名的王冕拒绝。本诗中的"不要人夸好颜色,只留清气满乾坤",也表现出王冕孤傲清高的气节。

囊萤夜读

选自《晋书·车胤传》

胤恭勤不倦，博学多通。家贫不常得油，夏月则练囊盛数十萤火以照书，以夜继日焉。

> **注**
> 囊：袋子，口袋。在本文中作动词用，意思是"用袋子装"。
> 胤：指晋朝人车胤。
> 恭勤：恭敬勤勉。
> 通：通晓，明白。
> 练囊：白色薄绢做的口袋。

> **译**
> 车胤恭敬勤劳而不知疲倦，知识广博，学问精通。他家境贫寒，常常缺少灯油，夏天的夜晚，车胤就用薄薄的白绢口袋装了几十只萤火虫照着书本，夜以继日地学习。

□□夜读

选自《晋书·车□传》

胤□□□不倦，□□多通。

家贫不常得□，

夏月则□□盛数十□□以照书，□□□□焉。

囊萤映雪

车胤是东晋人，在朝廷里当过尚书这样的大官。不过，让车胤在历史上扬名的却是他少年时捉萤火虫照书夜读的勤学故事。

东晋时还有一个家里也穷得买不起灯油的孩子，名叫孙康。在冬天的一个下雪之夜，他发现映着雪地反射出的光，就能看清书上的字迹啦！

车胤和孙康一个夏夜囊萤读书，一个冬夜映雪读书，双双入选古代儿童启蒙读物《三字经》中的勤学典范。

如囊萤，如映雪。家虽贫，学不辍（chuò）。《三字经》

勤学标兵大比拼！

一千多年后的清代，极富科学精神的康熙皇帝怀疑这个故事的真实性，于是叫人捉来几十只萤火虫放进纱袋里，结果发现，那点儿微光根本照不清书上的字迹。

难道我们今天读了个假故事？

不管这个故事是不是真的，但故事中车胤勤奋学习的精神是值得我们学习的。

铁杵成针

宋·祝穆《方舆胜览·眉州》

磨针溪，在象耳山下。世传李太白读书山中，未成，弃去。过是溪，逢老媪方磨铁杵。问之，曰："欲作针。"太白感其意，还卒业。

注　铁杵：用来舂（chōng）米或捣洗衣服的铁棒。
李太白：唐代诗人李白，字太白，也称李太白。
象耳山：位于四川眉山境内。
是：这。
媪：年老的妇女。
方：正在。

译　磨针溪位于象耳山脚下。世人传说李白在山中读书时，没有完成学业，就放弃离开了。他路过这条小溪，遇见一位老妇人正在石头上磨一根铁棒。李白问她为什么要磨铁棒，老妇人说："我想把它磨成针。"李白被她的意志感动，回去完成了学业。

□□成针

宋·祝穆《方舆胜览·眉州》

磨针溪,在□□□下。世传李太白□□□□,未成,□□。

过□溪,逢老媪□磨铁杵。

问之,曰:"□作针。"

太白感其意,还□□。

磨杵成针

这个故事出了一个成语：磨杵成针，也写作"铁杵成针"，用来比喻只要有恒心、有毅力，即使是很难成功的事情也可以做成。谚语"只要功夫深，铁杵磨成针"也出自这个典故。和磨杵成针意思相近的成语还有绳锯木断、水滴石穿。

绳锯木断

"你就不能买把锯子吗？"

"偏不！用绳子更显功力。"

用绳子当锯子，时间长了也能把木头锯断。

水滴石穿

"为什么总往我身上滴？"

"不然怎么滴穿你？"

水不停地往下滴，时间长了能把石头滴穿。

不过，老奶奶用铁棒磨成针的做法既累人，也很浪费材料，一根铁棒，原本能做成多少口针啊。在古代，其实有更科学的做针方法。

把铁块烧红后捶打成细条。

把烧红变软的铁条从小孔中穿过，拉成细铁丝，剪成一段段。

一头磨尖，一头锤扁后钻上小孔。

"那么，老奶奶为什么要磨铁棒做针呢？"

又甜又脆大李子

歪歪兔"来了"书系

在孔子乐观、坚持的人生故事中读懂《论语》。

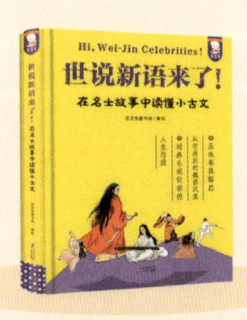

在名士故事中轻松读懂小古文，培养乐观、包容、幽默的人生态度。

从不断"颠覆自己、超越自己"的物理学历程中，培养孩子独立思考的能力。

在诗人故事中轻松读懂唐诗，一套孩子自己想要读的唐诗书。

在词人故事中轻松读懂宋词，提升孩子的文学审美力，从读宋词开始。

一本有趣又有用的哲学书！孩子们困惑的问题，哲学家早就有答案！

一套孩子读得懂的《诗经》！回到先秦历史现场，见证每首经典的诞生。

寓言故事到底在讲什么？这下真的读懂了！
（即将出版）

像庄子一样乐观自信，做自己，不焦虑。
（即将出版）

史记来了！屈原来了！……

微信扫一扫
发现"来了"书系更多好书

图书在版编目（CIP）数据

趣读古诗文. 2 / 歪歪兔童书馆编绘. -- 北京 : 海豚出版社, 2021.10（2024.6重印）
ISBN 978-7-5110-5752-5

Ⅰ. ①趣… Ⅱ. ①歪… Ⅲ. ①古典诗歌—诗歌欣赏—中国—儿童读物 Ⅳ. ① I207.2-49

中国版本图书馆CIP数据核字（2021）第170680号

趣读古诗文

歪歪兔童书馆　编绘

出 版 人：王　磊
总 策 划：宗　匠
监　　制：刘　舒
撰　　文：宋　文
绘　　画：李玮琪
装帧设计：玄元武　侯立新
责任编辑：杨文建　李宏声
责任印制：于浩杰　蔡　丽
法律顾问：中咨律师事务所　殷斌律师

出　　版：海豚出版社
地　　址：北京市西城区百万庄大街24号　　邮　编：100037
电　　话：(010) 65569870（销售）　　(010) 68996147（总编室）
传　　真：(010) 68996147
印　　刷：北京博海升彩色印刷有限公司
开　　本：16开（787毫米×1060毫米）
印　　张：26
字　　数：300千
印　　数：30001-35000
版　　次：2021年10月第1版
印　　次：2024年6月第4次印刷
标准书号：ISBN 978-7-5110-5752-5
定　　价：198.00元（全4册）

版权所有　　侵权必究